Fiches

Sp

W0201915

MAGNARD

Sommaire

Françaises et Français dans une République repensée

GÉOGRAPHIE

Dynamiques territoriales de la France contemporaine

Pourquoi et comment aménager le territoire ?

La France et l'Union européenne

ENSEIGNEMENT MORAL ET CIVIQUE

ANNEXES

Conception graphique : Muriel Ouziane ; **Cartographie :** Marie-Christine Liennard, Christel Parolini, Valérie Goncalves. **Crédits photographiques : p. 11** (Clemenceau) : abecasis/Leemage – **p. 15 :** coll. Kharbine Tapabor/coll. Dixmier – **p. 17** (Staline) : Fototeca/Leemage ; (Hitler) Selva/Leemage – **p. 21 :** Mémorial de la Shoah – **p. 27** (Moulin) Leemage – **p. 51** (haut) : Keystone/Gamma Photo ; (milieu) : DR ; (bas) : coll. Kharbine Tapabor – **p. 59 :** coll. Kharbine Tapabor – **p. 62** (de gauche à droite) : Jean-Marie Marcel/La Documentation française ; François Pagès/Paris Match/La Documentation française ; Jacques-Henri Lartigue/La Documentation française ; Gisèle Freud/La Documentation française ; Bettina Rheims/La Documentation française ; Philippe Warin/La Documentation française ; Raymond Depardon/La Documentation française – **p. 71 :** Bocquet/Photo aérienne France – **p. 79 :** AFP – **p. 91 :** Salon du tourisme – **p. 99 :** Pancho – **p. 102 :** Glénat/Ministère de la Défense. **Mise en pages :** Nord Compo.

5, allée de la 2e DB - 75015 PARIS
www.magnard.fr
www.specialbrevet.magnard.fr

Achevé d'imprimer en France par Loire Offset Titoulet
Dépôt légal : juin 2016 ; N° éditeur : 2016/0162

Description de l'épreuve et conseils pour réussir

Structure de l'épreuve

- Le nouveau Brevet comprend, outre le contrôle continu, **deux épreuves écrites** (la première regroupant mathématiques, physique-chimie, SVT et technologie ; la seconde regroupant français et histoire-géographie-enseignement moral et civique) et **une épreuve orale**.

- La **seconde épreuve écrite**, notée sur 100 points au total, a une durée de cinq heures et se compose de **deux parties**. Elle s'appuie sur un double corpus de documents, les uns relevant du programme de français, les autres du programme d'HGEMC, avec au moins un document iconographique ou audiovisuel. Tout ou partie des questions portent sur une thématique commune.

Modalités de la seconde épreuve écrite

- **Première partie :** analyse et compréhension de textes et de documents, maîtrise de différents langages *(3 heures, divisée en 2 périodes)*
  - La première période porte sur l'**histoire-géographie-EMC** *(2 heures)*.

Exercice 1 : analyser et comprendre des documents *(20 points)*
Exercice 2 : maîtriser différents langages pour raisonner et utiliser des repères historiques ou géographiques *(20 points)*.
Exercice 3 : mobiliser des compétences relevant de l'enseignement moral et civique *(10 points)*.

  - La seconde période porte sur le français *(1 heure, 20 points)*.

- **Seconde partie :** français – rédaction et maîtrise de la langue *(2 heures, 30 points)*.

Conseils pour réussir

• Répondre aux questions

Assurez-vous de bien connaître le sens des verbes utilisés dans les consignes.

- *Décrire* : dites ce vous voyez en allant du général au particulier.
- *Expliquer* : dites le comment et le pourquoi d'une situation.
- *Raconter* : présentez une situation en respectant sa chronologie.
- *Citer ou relever un élément* : retrouvez-le dans le texte, puis recopiez-le en mettant des guillemets.
- *Justifier* : apportez la preuve de ce que vous écrivez.

• Rédiger un texte structuré

- Rédiger un texte signifie « démontrer ». Cela veut dire que vous devez développer une réponse cohérente à une question posée.
- Sur une feuille de brouillon, recopiez l'énoncé du sujet et surlignez ou soulignez les mots qui vous semblent importants.
- Rédigez une première phrase pour entrer en matière et n'hésitez pas à structurer votre texte en deux ou trois sous-paragraphes organisés, chacun, autour d'une idée principale.
- Utilisez des mots de liaison tels que *car, par exemple, puisque, mais, pour que, toutefois, malgré, cependant, parce que*, etc., pour bien présenter vos arguments ou vos remarques.
- N'oubliez pas que le correcteur évaluera votre aptitude à rédiger et votre maîtrise de la langue française. Vous devez donc consacrer un peu de votre temps à la relecture de votre texte.
- En histoire, un texte se doit d'être chronologique, surtout si l'on vous demande d'étudier une évolution. Si vous dressez un bilan ou menez une étude thématique (aborder différents domaines), vous devrez aussi respecter l'ordre des évènements.

Civils et militaires dans la Première Guerre mondiale

FICHE 1

1 Violences extrêmes et guerre totale

a. La violence de masse

À retenir

Le **génocide** est l'extermination programmée d'un peuple.

• Dans les **tranchées**, l'artillerie puissante (obus, tanks) et les armes meurtrières (lance-flammes et gaz asphyxiants), accentuent la violence de la guerre : 2 000 soldats tombent chaque jour. La **bataille de Verdun** (février-novembre 1916), déclenchée par les Allemands pour « saigner à blanc » l'armée française, symbolise la violence de masse. Les Français, dirigés par Pétain, résistent coûte que coûte, mais au prix de lourdes pertes. Pour alléger Verdun, l'Entente engage la **bataille de la Somme** (1er juillet 1916-novembre 1916). Plus d'un million de soldats meurent en 1916 pour rien.

• Les conditions de vie des poilus sont inhumaines. Ils vivent dans la boue et le froid, au milieu des rats et des cadavres, dans la peur et dans l'attente d'une attaque. En 1917, le ras-le-bol de la guerre et les attaques meurtrières entraînent des désertions et des **mutineries**. Pétain améliore la nourriture des soldats, leur accorde des permissions mais prend des mesures répressives : 49 mutins sont exécutés pour l'exemple.

• Dans les **régions occupées**, les civils paient des indemnités aux autorités allemandes et subissent des brimades, des prises d'otages et des massacres. En **1915, dans l'Empire ottoman**, le gouvernement turc accuse les Arméniens chrétiens de soutenir les Russes et programme leur déportation dans le désert mésopotamien et leur massacre. Les survivants choisissent l'exil vers l'Europe occidentale et forment une diaspora. C'est le premier génocide du XXe siècle, qui fait de 800 000 à 1,2 million de victimes.

b. La guerre totale

À retenir

La **guerre totale** consiste en la mobilisation de toutes les forces (militaires, économiques et psychologiques) d'un pays dans le but de vaincre l'adversaire.

• 70 millions de soldats, âgés de 18 à 27 ans, venus de tous les continents, sont mobilisés pour la guerre.

• Les gouvernements prennent en main la vie économique et dirigent la production industrielle. Les femmes, les personnes âgées, les travailleurs coloniaux pallient le manque de main-d'œuvre masculine.

• Les États financent la guerre par des emprunts, encouragent l'esprit patriotique des populations par la **propagande** et usent de la **censure**.

2 L'Europe fragilisée

a. La vague révolutionnaire

• En **Russie**, une première révolution, en février 1917, provoque l'abdication du tsar. Dans la nuit du 24 au 25 octobre 1917, les bolcheviks, menés par Lénine, s'emparent des points stratégiques de Pétrograd et font tomber le gouvernement provisoire. Lénine prend la tête du gouvernement et promulgue le décret sur la paix. Mais le traité de paix séparé, signé en 1918 avec l'Allemagne, est désastreux pour la Russie.

• En **Allemagne** et en **Hongrie**, en 1918-1919, des soulèvements révolutionnaires se produisent, mais sont écrasés.

b. La paix imparfaite

• À la Conférence de la paix, les vaincus sont exclus, et, pour Clemenceau, « l'Allemagne doit payer et l'Allemagne paiera ». **Quatre traités** (Versailles, Saint-Germain, Sèvres et Trianon) sont imposés aux vaincus.

• Les empires disparaissent et laissent place à de **nouveaux États** : Pologne, Tchécoslovaquie, Autriche, Hongrie, Yougoslavie. Les **problèmes des minorités ne sont pas réglés**.

• Le traité de Versailles de 1919 impose à l'Allemagne de rendre l'**Alsace-Lorraine** à la France, d'être **coupée en deux par le corridor polonais** et de ne pas se rattacher à l'Autriche. Elle est démilitarisée et perd son empire colonial. Jugée responsable de la guerre, elle doit payer des réparations. C'est pour l'Allemagne humiliée un « Diktat ».

Exercice commenté pas à pas

Analyser un texte

Sujet : expliquez les violences extrêmes subies par les combattants et les civils

Verdun le 15 juillet 1916
Mes chers parents,
Je suis encore vivant et en bonne santé, pas même blessé alors que tous mes camarades sont tombés morts ou blessés aux mains des boches qui nous ont fait souffrir les mille horreurs, liquides enflammés, gaz lacrymogènes, gaz suffocants-asphyxiants, attaques…
Je suis redescendu de première ligne ce matin. Je ne suis qu'un bloc de boue et j'ai dû faire racler mes vêtements avec un couteau car je ne pouvais plus me traîner. […]
Demain les autos emmènent le reste de mon régiment pour le reformer à l'arrière, je ne sais encore où. […] J'ai sommeil, je suis plein de poux, je pue la charogne des macchabées.

Georges

Paroles de poilus, lettres et carnets du front, 1914-1918, Librio, coédition France Inter, Radio France.

Avant de commencer

- ► **Présenter** le document, son auteur, sa date, son thème.
- ► **Relever** les informations utiles à sa compréhension.
- ► **Interpréter** le texte pour en comprendre son intérêt.

Présenter le texte

– La source du document donne des informations précieuses pour présenter et situer le document dans le temps.
– Indiquez sa nature (une loi, un discours, un traité, une lettre, des accords). Qui en est l'auteur ? un homme politique, un soldat, un publiciste, un parlementaire.
– Soulignez la date et le lieu dans lequel le texte est rédigé. Précisez son thème.

Relever des informations

– Vous devez vous poser des questions et chercher les réponses. Pour mieux comprendre le texte, utilisez un code de couleurs.
– Quel est le champ lexical du texte ?
– Quelles sont les conditions de vie d'un soldat sur le front ?
– Quelles sont les innovations techniques utilisées pendant la guerre ?

Interpréter le texte

– Il s'agit d'expliquer en quoi le texte apporte un éclairage particulier à une situation historique.
– Quelle vision de la guerre le texte apporte-t-il ?

Corrigé :

C'est la lettre d'un poilu, adressée à ses parents et écrite à Verdun, le 15 juillet 1916.
Le champ lexical de la guerre évoque les innovations techniques tels les liquides enflammés (lance-flammes) et les gaz asphyxiants utilisés dès 1915, qui sont des nouvelles armes meurtrières et destructrices. L'automobile est utilisée dorénavant à des fins militaires. Les conditions de vie du soldat dans les tranchées sont inhumaines.
La lettre témoigne des violences extrêmes vécues par les combattants dans les tranchées, qu'ils fassent partie des armées de l'Entente ou de la Triple Alliance et celles vécues par les civils, qui fabriquent dans les usines le matériel de guerre et vivent dans l'attente des nouvelles d'un proche parti pour défendre sa patrie. L'enfer de Verdun (février à décembre 1916) fait plus de 700 000 victimes, dont la moitié sont morts ou disparus pour un résultat sur le terrain quasi nul. Les blessés deviennent invalides à vie et/ou sont des « gueules cassées » (blessés de la face ou du crâne). Ils portent sur leur corps la violence de la guerre.

Civils et militaires dans la Première Guerre mondiale

MÉMO

THÈMES clés

Civils et militaires dans la 1re Guerre mondiale : fiche 1

PERSONNAGES clés

Philippe Pétain (1856-1951)
Il dirige les soldats à Verdun, les encourage à résister « coûte que coûte » malgré les lourdes pertes et est surnommé le « sauveur de Verdun ».

Georges Clemenceau (1841-1929)
À partir de 1917, il cumule les fonctions de ministre de la Guerre et de président du Conseil. Il signe le traité de Versailles, réglant le sort de l'Allemagne, le 28 juin 1919.

IDÉES clés

La violence de masse illustrée par la bataille de Verdun (1916) :
- 60 millions d'obus tirés en 300 jours ;
- 66 divisions (sur les 95 françaises) envoyées sur le front ;
- 3 500 camions utilisés pour acheminer soldats et ravitaillement ;
- 1 000 morts par jour.

Le lourd bilan humain : 10 millions de victimes, majoritairement des hommes jeunes âgés de 18 à 27 ans.

REPÈRES clés

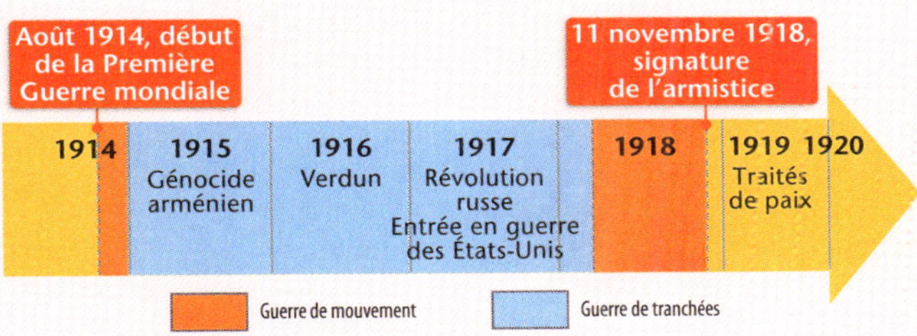

SCHÉMAS-BILANS

Une mobilisation générale (70 millions de soldats mobilisés) et une économie de guerre contrôlée par les États

Les violences pour les soldats dans les tranchées

Guerre totale et violence de masse

Les violences pour les civils à l'arrière

10 millions de morts
Une paix imposée aux vaincus par les vainqueurs
Des tensions

L'Europe fragilisée et redessinée

Démocraties fragilisées et expériences totalitaires

FICHE 4

1 Les expériences totalitaires

a. De Lénine à Staline

• Lénine, le nouveau maître de la Russie après la révolution d'Octobre 1917, fait du **parti communiste le parti unique** et, en 1922, transforme la Russie en **URSS** (Union des républiques soviétiques socialistes).

> **À retenir**
>
> De 1936 à 1938, les **procès de Moscou**, truqués, font deux millions de victimes. Les individus jugés dangereux sont déportés dans les camps de travail forcé gérés par le Goulag.

• Pour établir sa dictature personnelle et instaurer une économie socialiste, Staline, secrétaire général du Parti communiste, impose les **plans quinquennaux** en 1928, la **collectivisation des terres** en 1929, confisque les libertés et met en place la **terreur de masse**.

b. De la démocratie à l'Allemagne nazie

• La République de Weimar, née en novembre 1918, est contestée par les nationalistes humiliés par le Diktat de Versailles et fragilisée par l'agitation révolutionnaire spartakiste (communiste).

• La Grande Dépression de 1929 entraîne le retrait des capitaux américains, ce qui provoque des faillites d'entreprises et la **montée du chômage** (6 millions de chômeurs en 1933).

• Le **NSDAP**, ou parti nazi, dirigé par Hitler, récupère le mécontentement des chômeurs et des milieux d'affaires. Hitler devient « le dernier espoir ». Malgré des résultats électoraux insuffisants, il est appelé légalement au poste de chancelier le 30 janvier 1933 par le président de la République. En moins d'un an, il confisque la démocratie et installe sa dictature. Le régime nazi représente vite un péril pour l'Europe. Pour agrandir « l'espace vital » et constituer le « Grand Reich », Hitler noue des alliances avec l'Italie fasciste et le Japon et réalise des coups de force.

> **À retenir**
>
> Dans *Mein Kampf*, Hitler écrit que les Allemands appartiennent à la « race dite supérieure », la race aryenne, et que les « races dites inférieures », les Juifs, les Tsiganes, doivent être exterminées.

2 La France

a. La République fragilisée

La crise économique touche la France en 1931 et fragilise le régime parlementaire. Les politiques anticrise sont inefficaces et les ligues d'extrême-droite, antiparlementaires, tentent de renverser la République le 6 février 1934.

b. La naissance du Front populaire et l'embellie sociale de 1936

À retenir

Le Front populaire est l'alliance électorale regroupant la SFIO, ou Parti socialiste, le Parti radical et le Parti communiste.

- Face à la menace, la gauche s'associe et forme un Front populaire qui présente un programme électoral commun « Pour le pain, pour la paix, pour la liberté » aux élections législatives de 1936. Le Front populaire remporte la victoire et Léon Blum (SFIO) devient le président du Conseil.

- Après les grèves ouvrières spontanées de 1936, de grandes réformes sociales sont mises en place et apportent une embellie sociale : **accords Matignon** (congés payés, semaine de 40 heures, augmentation des salaires, liberté syndicale reconnue, contrats collectifs de travail rétablis). Mais des difficultés politiques et économiques provoquent la démission de Léon Blum en 1937 et la dislocation du Front populaire en 1938.

Élections législatives de 1936

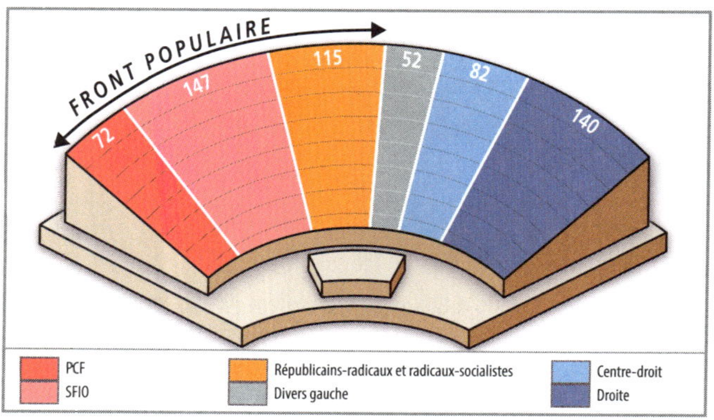

Exercice commenté pas à pas

Analyser une caricature

Sujet : pourquoi le régime nazi représente-t-il une menace pour l'Europe ?

Caricature de Ralph Soupault parue en 1934.

Avant de commencer

- ► **Situer** la caricature dans son contexte historique.
- ► **Repérer** des objets, des faits, des personnages, mais avec des particularités ou des défauts exagérés.
- ► **Déchiffrer** le message de l'auteur.

Déterminer le contexte historique

– Notez la date du document et le nom de son auteur.
– Recherchez les gestes, les objets, les symboles permettant d'identifier la période historique et le pays.

Décomposer l'image

– Identifiez le personnage dans la tribune, à gauche.
– Décrivez la scène. Attardez-vous sur le personnage central et reliez-le au titre de la caricature.

Décrypter le message

– La caricature n'est jamais innocente. Elle fait sourire, elle fait réfléchir, même si, parfois, elle choque le lecteur et le met mal à l'aise.
– Que dénonce l'auteur du dessin ?

Corrigé :

La caricature de Ralph Soupault paraît en 1934. La scène se déroule en Allemagne nazie, reconnaissable aux saluts nazis et aux drapeaux marqués de la croix gammée, symbole du NSDAP, le parti unique.
Hitler, avec sa mèche et sa moustache, domine, depuis la tribune, des hommes en rangs serrés et ordonnés faisant le salut nazi et illustrant la rigueur, la discipline et la puissance de l'Allemagne. Le squelette, disproportionné par rapport au dessin, marchant au pas de l'oie, faisant le salut nazi et portant la faux (faucher les morts comme on fauche les blés à la moisson) permet l'association du régime à la mort.
La faux est utilisée contre les Juifs, peuples dits « inférieurs » victimes de mesures vexatoires et de persécutions morales et civiques. Elle sera aussi utilisée en Europe car, Hitler, au nom de la création d'un espace vital pour l'Allemagne, se prépare à la guerre, déchire le traité de Versailles et mène des coups de force.

BILAN

L'Europe, un théâtre majeur des guerres totales (1914-1945)

FICHE 6

MÉMO

THÈMES clés

Démocraties fragilisées et expériences totalitaires :
fiche 4

MOTS clés

Antisémitisme : racisme contre les Juifs.

Collectivisation des terres : en URSS, mise en commun au profit de la collectivité des terres et suppression de la propriété privée. Elle induit la dékoulakisation ou l'élimination des paysans les plus riches.

Camp de concentration : en Allemagne, lieu d'internement des opposants politiques contraints au travail forcé. Le premier est créé en 1933.

Goulag : en URSS, administration des camps de travail. Par extension, désigne les camps de travail eux-mêmes.

PERSONNAGES clés

Lénine (1870-1924), chef des bolcheviks, il organise la révolution d'octobre 1917, qui lui permet d'accéder au pouvoir et de diriger le pays jusqu'en 1924.

Joseph Staline (1879-1953), successeur de Lénine, il dirige l'URSS de 1924 à 1953 et instaure un régime totalitaire fondé sur la domination du Parti communiste.

Adolf Hitler (1889-1945), chef du NSDAP, est appelé légalement au poste de chancelier le 30 janvier 1933.

Léon Blum (1872-1950), président du Conseil du gouvernement de Front populaire, il fait entrer trois femmes dans son gouvernement.

SCHÉMAS-BILANS

Totalitarismes en Europe

Causes
- Guerre totale
- Les révolutions de février et d'octobre 1917

RUSSIE BOLCHÉVIQUE DEVIENT URSS (1922)
- Une société sans classes, égalitaire
- Propager la révolution partout dans le monde

- Élimination par Staline des amis de Lénine
- Mise en place d'une économie socialiste planifiée

Caractéristiques d'un régime totalitaire
- **Parti unique**
- **Culte du chef**
- Endoctrinement des masses et propagande
- Terreur contre les « ennemis »

Pacte secret germano-soviétique une semaine avant le déclenchement de la Deuxième Guerre mondiale

Causes
- Traité humiliant de Versailles, ou Diktat
- Grande Dépression de 1929

ALLEMAGNE NAZIE
- Idéologie raciste : la race aryenne dite « supérieure » et les Juifs dits « inférieurs »
- Agrandissement de « l'espace vital »

- Des génocides
- Des coups de force
- Des alliances (axe Rome-Berlin en 1936, pacte Antikomintern avec le Japon et l'Italie, pacte d'Acier en 1939)

Le Front populaire

Objectifs du Front populaire : sortir de la crise
- La lutte contre le chômage
- La relance de la consommation
- L'amélioration des conditions de travail des ouvriers
- L'amélioration des conditions de vie des ouvriers

Mesures adoptées pour détourner la classe ouvrière de l'extrême-droite
- La semaine de travail de 40 heures
- L'augmentation des salaires (7 % pour les salaires les plus élevés, 15 % pour les salaires les plus bas)
- La liberté syndicale, l'élection de délégués d'entreprise, les conventions collectives
- Les 15 jours de congés payés

La Deuxième Guerre mondiale

1 Un conflit aux dimensions planétaires

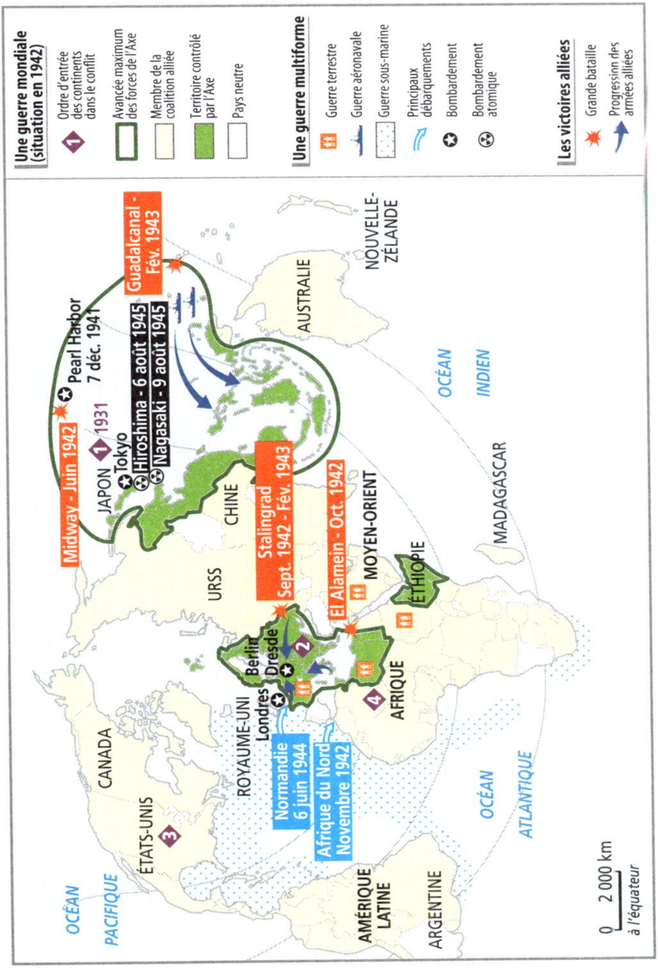

2 Une guerre d'anéantissement

À retenir

La **guerre d'anéantissement** cherche à faire disparaître les adversaires par tous les moyens possibles.

a. Des bombardements massifs

• Les **bombardements** sur les villes terrorisent les civils et détruisent les forces militaires et économiques des États en guerre. L'usage de la **bombe atomique**, qui a pourtant permis la victoire américaine, montre la capacité de destruction, jusqu'à présent inégalée, d'un ennemi.

• On évalue à 50 millions (dont la moitié de civils) le nombre de victimes des combats, des bombardements classiques et atomiques et des camps de la mort, et à 30 millions les « personnes déplacées » pendant le conflit (prisonniers, déportés).

b. Le génocide des Juifs et des Tsiganes

À retenir

Le **crime contre l'humanité** est une notion créée lors des procès de Nuremberg pour désigner un acte inhumain (assassinat, extermination, déportation) contre une population pour des motifs politiques, raciaux ou religieux.

• Dès 1940, les Juifs sont parqués dans des **ghettos** dans les villes d'Europe (ghetto de Varsovie). Après l'invasion de l'URSS, les ***Einsatzgruppen*** (des groupes de tuerie formés de policiers SS) sont chargés de les assassiner. En 1942, la **conférence de Wannsee** officialise le génocide des « races dites inférieures » dont le bilan s'élève à la mort de 6 millions de Juifs et de 220 000 Tsiganes.

• Les Juifs et les Tsiganes sont déportés par trains entiers, entassés dans des wagons à bestiaux vers les centres d'assassinat (exemples : Auschwitz-Birkenau, Treblinka). À leur arrivée, les femmes, les enfants et les personnes plus âgées sont triés, déshabillés et tondus, puis sauvagement poussés vers de fausses salles de douche (chambre à gaz) où ils trouvent la mort. Ils sont ensuite brûlés dans les fours crématoires. Les hommes qui ont échappé au tri servent de cobayes pour des expériences médicales et sont condamnés à une mort lente en travaillant dans les camps ou dans les usines allemandes.

• La libération des camps, en 1945, révèle au monde l'horreur de la déportation.

Analyser une photographie en histoire

Sujet : rédigez un texte construit expliquant que la Deuxième Guerre mondiale est une guerre idéologique et d'anéantissement.

Des Juifs hongrois sur la rampe de tri d'un centre d'extermination (été 1944).
❶ rampe de tri ; ❷ les crématoires (les chambres à gaz sont souterraines).

Avant de commencer

- **Présenter** la photographie, sa date, son thème.
- **Décrire** la scène.
- **Interpréter** la photographie en dégageant son intérêt historique.

Présenter le document

Il s'agit pour vous d'indiquer la date de la prise de vue, éventuellement son auteur, son thème et sa date. Vous devez aussi préciser si le cliché est en couleur ou en noir et blanc.

Vous trouverez ces informations en lisant la légende accompagnant le document.

Décrire la photographie

– Quels sont les éléments mis en valeur par la prise de vue ? Que voit-on au premier plan (en bas de la photo) et à l'arrière-plan ?
– Où la scène se situe-t-elle ? Quel est son décor ? Ce peut être un espace ouvert ou fermé (l'intérieur d'un bâtiment, d'une maison, dans la rue, dans un village, dans une ville).
– Qui sont les personnages ? Vous devez préciser leur nombre, leur sexe, leur âge, la façon dont ils sont vêtus, leurs attitudes ou leurs faits et gestes.

Expliquer l'intérêt historique de la photographie

– Vous devez replacer la photographie dans son contexte historique : il est donc important que vous rappeliez la manière dont on vivait à cette date. Vous pouvez montrer les limites de ce témoignage visuel.
– Sachez qu'une photographie, même si elle semble perçue comme une image neutre, exprime un point de vue et délivre un message.

Conseil : sachez faire la différence entre la photographie de propagande et le cliché pris sur le vif !

Corrigé :

Le cliché noir et blanc, dont l'auteur reste inconnu, est pris en été 1944, dans un centre d'assassinat.
Au premier plan, les déportés juifs hongrois, des hommes, des femmes et des enfants, acheminés par train, débarquent sur la rampe de tri du camp. Certains portent encore le bagage emporté. À l'arrière-plan, les chambres à gaz et les crématoires sont les lieux de destination pour 90 % d'entre eux, les femmes, les enfants, les hommes les plus fragiles. Les hommes jugés aptes au travail revêtiront le pyjama rayé des déportés, comme celui du personnage visible au premier plan. On ne voit pas les SS et les chiens qui rendent l'arrivée au camp encore plus traumatisante. La photo témoigne du génocide planifié par les nazis au nom de l'idéologie raciste d'Hitler. Depuis la conférence de Wannsee de 1942, l'extermination des Juifs est passée à l'échelle « industrielle ». La photo ne permet pas d'en établir le lourd bilan chiffré : la mort de 6 millions de Juifs et 220 000 Tsiganes.

La France défaite et occupée

FICHE 9

1 La défaite de 1940

a. La chute de la IIIe République

L'offensive allemande de mai 1940 prend à revers les armées françaises, qui se replient au milieu des civils. La défaite de juin provoque l'arrivée au pouvoir du **maréchal Pétain**, qui signe l'**armistice** le 22 juin, se fait voter les pleins pouvoirs et met fin à la IIIe République.

> **À retenir**
>
> **L'armistice** est catastrophique, car la ligne de démarcation sépare la zone occupée par les Allemands au nord de la zone non occupée au sud (jusqu'en novembre 1942).

b. Le gouvernement antirépublicain de Vichy

- À la tête de l'État français de Vichy, **Pétain** installe un **régime autoritaire** marqué par la personnalisation du pouvoir du « chef ». Il supprime les partis politiques, suspend les libertés, censure la presse, nie les valeurs démocratiques de la République en remplaçant sa devise par « Travail, Famille, Patrie ».
- Le régime est **antisémite** et exclut « les mauvais Français » par le statut des Juifs de 1940.
- Le régime **collabore** avec l'Allemagne en mettant à son service l'administration, l'économie (le STO) et la police chargée depourchasser les Juifs de France et les faire déporter (rafle du Vel'd'Hiv en 1942). La Milice aide les Allemands à lutter contre les résistants et traque les Juifs.

2 La France de la Résistance

a. ... Au nom des valeurs républicaines...

- **Le général de Gaulle** refuse la défaite et l'armistice et lance son appel le 18 juin 1940 depuis Londres. Il veut incarner l'État républicain. S'appuyant sur une partie de l'empire colonial et sur les volontaires qui l'ont rejoint, il crée **les FFL** (Forces françaises libres).
- Grâce à **la BBC**, écoutée clandestinement en France, l'idée de Résistance progresse et les résistants se regroupent dans **des**

mouvements ou des réseaux. Pour la liberté, ils mènent un combat sans relâche contre l'occupant : tracts et journaux distribués, contre-propagande, assistance aux Alliés, sabotages, attentats et renseignements. Ils vivent clandestinement et affrontent la traque et la répression de la Milice et de la Gestapo (30 000 fusillés, 60 000 déportés).

b. ... libérer la France et refonder la République

• Après novembre 1942, les effectifs des maquis grossissent et la France libre de De Gaulle renforce ses liens avec les résistants de l'intérieur.

À retenir

Jean Moulin, préfet d'Eure-et-Loir en 1940, rejoint la Résistance française à Londres. Revenu clandestinement en France pour unifier la Résistance, il est arrêté par la Gestapo au cours d'une réunion secrète à Lyon. Torturé, il meurt en juillet 1943.

• Revenu de Londres en 1943, Jean Moulin est chargé par le général de Gaulle d'unifier la Résistance intérieure dans le Conseil national de la Résistance (CNR) et de le faire reconnaître comme le chef de toute la Résistance.

• En 1944, les forces clandestines regroupées dans les FFI (Forces françaises de l'intérieur) participent aux côtés des Alliés à la réussite des débarquements et à la libération de la France.

La France divisée pendant la guerre (1940-1945)

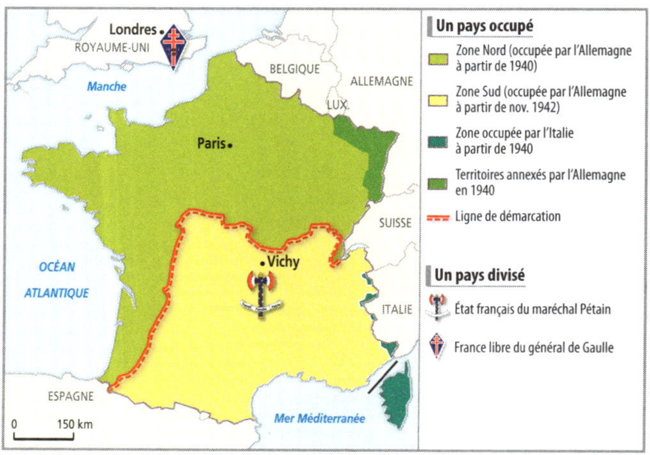

Analyser un chant

Sujet : Expliquez l'attachement des résistants aux valeurs républicaines.

Chant du G.M.O. « 18 juin »

Refrain
France, oh ! France de demain,
France, nous n'avons peur de rien.
Nous avons fougue et confiance,
Nous saurons dompter notre entrain.
France, du Rhin jusqu'à l'Artois,
France, conserve bien ta foi.
Car un jour tous ceux du Maquis seront là.
Et libre tu redeviendras.

I
Si tu as sombré dans l'abîme,
Ceux du Maquis t'en sortiront.
Ils se battront fiers et sublimes,
De leur vie ils ont fait le don.
Les F.F.I. marcheront en tête
Le jour du grand relèvement.

II
Comme des loups hors de leur tanière,
Alors nous sortirons des bois,
Nous marcherons tous à la guerre,
Nous saurons faire valoir nos droits.
Les nazis baisseront la tête,
Quand nous sonnerons « l'en avant ».

Paroles d'Albert Oriol, chef du maquis de la Loire
et chef du G.M.O. « 18 juin ».
Fondation de la Résistance

Avant de commencer

- **Considérer** la période historique.
- **Étudier** l'œuvre sur un plan littéraire.
- **Dégager** son intérêt historique.

Situer l'œuvre dans le temps et dans son contexte

– Pour rattacher l'œuvre à une période historique, lisez le texte et sa source et répondez aux questions.
– Quelle est la nature de l'œuvre et son titre ? Que savez-vous de l'auteur ?

Décrire l'œuvre

– Avec un crayon, soulignez les termes répétés plusieurs fois et étudiez l'effet produit.
– Utilisez des crayons de couleur pour repérer les champs lexicaux. Encadrez les verbes et indiquez le mode, le temps, la personne.
– Justifiez l'emploi de l'impératif et le recours à tel ou tel champ lexical.

Expliquer le sens historique de l'œuvre

Le contexte historique de l'œuvre est important et vous devez vous rappeler les attitudes des Français durant la Deuxième Guerre mondiale. Certains choisissent la collaboration derrière le maréchal Pétain, d'autres la Résistance derrière le général de Gaulle.

Corrigé

Le chant, écrit par Albert Oriol, chef du maquis de Boussoulet (Haute-Loire), reprend la date de l'appel à la Résistance du général de Gaulle. Il l'associe au G.M.O. (Groupe mobile d'opérations), devenu le premier maquis de l'Armée secrète Loire lorsque commencent les actions armées en 1944, après le débarquement de Normandie.
Le refrain commence par l'anaphore du mot « France » : personnifiée, elle est une mère aimée de ses enfants. Les champs lexicaux de la violence (en bleu), de l'espoir et/ou victoire (en vert) et le jeu dans la conjugaison (impératif et présent) témoignent d'une France opprimée par les nazis, mais défendue par « ceux du Maquis », qui, animés de liberté, font preuve d'abnégation pour elle. La référence aux F.F.I et les expressions « Et libre tu redeviendras », « le jour du grand relèvement », « quand nous sonnerons "l'en avant" » rappellent les combats, aux côtés des F.F.L., menant à la libération de la France.

BILAN

L'Europe, un théâtre majeur des guerres totales (1914-1945)

FICHE 11

MÉMO

THÈMES clés

La Deuxième Guerre mondiale : fiche 7

La France défaite et occupée : fiche 9

MOTS clés

L'Axe : l'alliance entre l'Allemagne, l'Italie et le Japon pendant la Deuxième Guerre mondiale.

Les Alliés : terme désignant l'ensemble des pays qui s'opposent aux forces de l'Axe durant la Deuxième Guerre mondiale (États-Unis, Royaume-Uni, URSS, France libre, Australie, Canada).

Guerre d'anéantissement : conflit dont le but est de détruire en totalité l'adversaire, qu'il soit militaire ou civil.

Génocide : l'extermination programmée d'un peuple en raison de son origine ou de sa religion.

Collaboration : politique d'entente engagée entre l'Allemagne nazie et le gouvernement de Vichy.

Résistance : l'opposition à l'occupant et la lutte (menée clandestinement) pour la libération de son pays.

PERSONNAGES clés

Pétain, à la tête du gouvernement de Vichy de 1940 à 1944.

De Gaulle, le chef de la France libre.

Jean Moulin, le fondateur du Conseil national de la Résistance.

Eisenhower, le général américain organisateur des débarquements alliés.

SCHÉMAS-BILANS

La Deuxième Guerre mondiale

Une guerre totale

- **Une guerre idéologique :** l'Axe agrandit son « espace vital » Les Alliés detruisent les dictatures et combattent pour la liberté
- **Une mobilisation des économies et des sociétés :** production industrielle de l'armement et conception d'armement à grande capacité de destruction

Une guerre d'anéantissement

- **Des bombardements de grande ampleur :** des bombardements de villes et des bombardements atomiques sur le Japon
  - **Une Europe en ruine** et des villes japonaises anéanties
  - **De nombreuses victimes :** plus de 50 millions de morts, majoritairement des civils, dont 6 millions de Juifs
- **Une guerre d'extermination raciale :** le génocide des Juifs (Shoah) et des Tsiganes

Françaises et Français pendant la guerre

Arrêter la guerre	Continuer la lutte
Pétain signe l'armistice le 22 juin 1940	De Gaulle lance l'appel à la résistance depuis Londres le 18 juin 1940
Régime de Vichy antirépublicain	Formation de divers mouvements de Résistance intérieure unifiés par Jean Moulin (CNR) en 1943
Collaboration avec l'Allemagne et occupation de la France par l'Allemagne (totale en 1942)	La France libre s'organise autour de de Gaulle et les FFL participent aux combats en Afrique du Nord et en Normandie
Une majorité de Français acceptent le régime et l'occupation	FFI et FFL combattent pour la libération de l'Europe

Quiz-bilan

FICHE 12

→ *Réponses au verso.*

1 Quel traité de paix règle le sort de l'Allemagne en 1919 ?

a. ☒ Le traité de Versailles b. ☐ Le traité de Trianon
c. ☐ Le traité de Sèvres

2 Quels sont les pays nouveaux nés des traités de paix de 1919-1920 ?

a. ☒ La Pologne, la Tchécoslovaquie, la Yougoslavie
b. ☐ La Grèce, l'Allemagne, la Turquie
c. ☐ La Pologne, l'Autriche, la Hongrie

3 En quelle année l'URSS succède-t-elle à la Russie ?

a. ☐ 1922 b. ☐ 1924 c. ☒ 1929

4 Sur quoi repose un régime totalitaire ?

a. ☐ Des élections libres
b. ☒ Une propagande active
c. ☐ La répression des oppositions

5 Le goulag en URSS est :

a. ☐ un paysan aisé b. ☐ une exploitation agricole
c. ☒ un camp de travaux forcés

6 En Allemagne, les lois de Nuremberg sont adoptées en :

a. ☐ 1933 b. ☒ 1935 c. ☐ 1938

7 La bombe d'Hiroshima est lancée le :

a. ☐ 8 mai 1945 b. ☒ 6 août 1945 c. ☐ 9 août 1945

8 L'appel à la résistance du général de Gaulle est lancé le :

a. ☐ 17 juin 1940

b. ☐ 18 juin 1940

c. ☐ 22 juin 1940

9 À quoi correspond l'expression « France libre » ?

a. ☐ L'organisation de la résistance extérieure fondée à Londres

b. ☐ La zone au sud de la ligne de démarcation

c. ☐ La coopération idéologique, économique et policière décidée par Pétain

10 Le régime de Vichy a duré de :

a. ☐ 1939 à 1945

b. ☐ 1940 à 1944

c. ☐ 1940 à 1945

11 Qui constitue le Conseil national de la Résistance ?

a. ☐ Le général de Gaulle

b. ☐ Le maréchal Pétain

c. ☐ Jean Moulin

12 De qui la Milice est-elle la police politique ?

a. ☐ De la Résistance

b. ☐ Du régime de Vichy

c. ☐ De l'Allemagne nazie

Réponses :

1 a – **2 a, c** L'empire d'Autriche-Hongrie éclate en deux États indépendants. – **3 a** – **4 b, c** Les élections libres caractérisent les démocraties. – **5 c** – **6 b** – **7 b** – **8 b** Le 17 juin, Pétain demande l'armistice à l'Allemagne et le signe le 22 juin. – **9 a** – **10 b** La Libération met fin au régime de Vichy en 1944. – **11 c** C'est Jean Moulin, mais il agit à la demande du général de Gaulle. – **12 b.**

Indépendances et construction de nouveaux États

FICHE 13

1 La remise en cause du colonialisme

a. Des causes externes

Après 1945, le prestige des métropoles européennes s'affaiblit, les États-Unis et l'URSS condamnent le colonialisme et l'ONU défend le droit des peuples à disposer d'eux-mêmes.

b. Des causes internes

Les mouvements nationalistes accentuent le mécontentement des colonies. De 1947 à 1962, la plupart de celles-ci obtiennent leur indépendance par la négociation ou par la violence.

2 Deux modalités d'accès à l'indépendance

a. L'Inde

- En 1918, l'Inde réclame son indépendance au Royaume-Uni. La revendication est menée par Gandhi, apôtre de la non-violence et, pendant la Deuxième Guerre, par les partis nationalistes, le Parti du Congrès de Nehru représentant la majorité hindouiste et la Ligue musulmane de Jinnah représentant la minorité musulmane.
- Le Royaume-Uni comprend que rétablir son autorité est impossible. Il choisit d'abandonner sa souveraineté politique pour préserver ses intérêts économiques dans le Commonwealth.

À retenir

Le Commonwealth ou l'Union des anciennes colonies de l'Empire britannique, conserve des liens économiques et culturels avec le Royaume-Uni.

- En 1947, il accorde l'indépendance, mais n'évite pas la partition de l'Inde entre l'Union Indienne hindouiste et le Pakistan musulman (deux territoires). Les régions où vivent des populations mixtes connaissent une guerre civile et religieuse.

b. L'Algérie

- La France refuse de décoloniser l'Algérie, administrée comme un département français, peuplée d'un million d'Européens

(10 % de la population) et dont le Sud saharien regorge d'hydrocarbures.

- Quand l'insurrection nationaliste du **FLN (Front de libération nationale)** se déclenche le 1er novembre 1954, le gouvernement, qui parle « d'évènements » ou de « rébellion », tente en vain de rétablir l'ordre. De 1954 à 1962, il envoie des milliers de soldats qui mènent une guerre longue et coûteuse contre le FLN.
- Partisan de l'Algérie française, le général de Gaulle, appelé au pouvoir en mai 1958, se prononce pour **l'autodétermination** en 1959. Les accords d'Évian sont signés en mars 1962 et aboutissent à l'indépendance de l'Algérie en juillet. Elle est obtenue dans des conditions difficiles (attentats de l'OAS) pour les Algériens, les **harkis** et les **pieds-noirs**.

À retenir

Les pieds-noirs sont les Européens d'Algérie rapatriés en France en 1962 et **les harkis** sont les Algériens ayant combattu aux côtés des Français.

3 La naissance du tiers-monde

a. De la conférence de Bandung (Indonésie)...

En 1955, les nouveaux États d'Afrique et d'Asie condamnent le colonialisme et veulent des liens de solidarité indépendants des grandes puissances. Ils font leur entrée à l'ONU.

b. ... au non-alignement

En 1961, à la conférence de Belgrade, les pays afro-asiatiques, rejoints par la Yougoslavie et Cuba, refusent de s'aligner sur le bloc américain ou le bloc soviétique et proclament leur **« non-alignement »**.

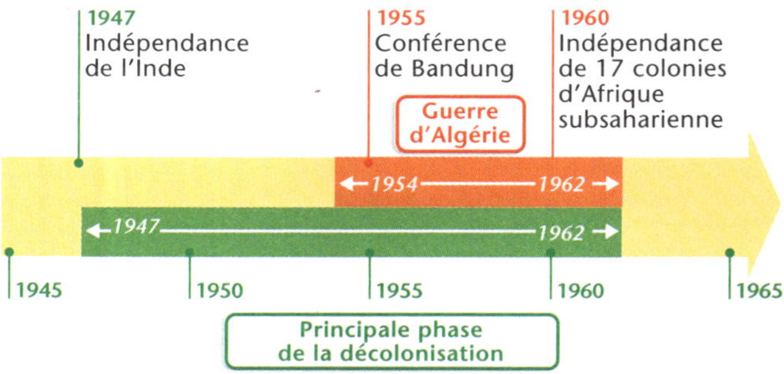

Réaliser un schéma de synthèse

Sujet : Résumez dans un schéma les modalités d'accès à l'indépendance de l'Algérie

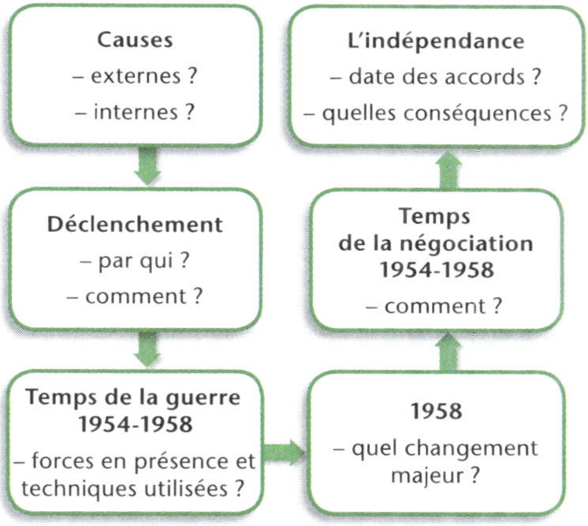

Avant de commencer

▶ **Dater** la période concernée (début et fin) et repérer les moments de rupture.

▶ **Décrire** les évènements en répondant aux questions : Qui ? Où et quand ? Pourquoi ? Comment ? Quelles conséquences ?

▶ **Respecter** la chronologie des évènements.

→ Déterminer les dates de la guerre d'Algérie

La guerre d'Algérie est une guerre d'indépendance qui commence en 1954 et se termine en 1962. Recherchez la date précise de son déclenchement et la manière dont elle s'achève.

→ Repérer les grandes phases de la guerre et ses moments de rupture

Deux phases apparaissent : la première entre 1954 et 1958, la seconde de 1959 à 1961.
Expliquer pourquoi la rupture intervient en 1958.

→ Décrire les grandes phases de la guerre

N'oubliez pas que l'Algérie est une colonie française depuis 1830, considérée comme un département français et peuplée par 9 millions d'Algériens musulmans et 1 million d'Européens.

Corrigé :

Causes

Le rôle de l'ONU et la position anticolonialiste des États-Unis et de l'URSS

La montée en puissance du FLN, un mouvement nationaliste en Algérie

Déclenchement

Des attentats terroristes organisés partout en Algérie contre les intérêts français par le FLN 1er novembre 1954

Temps de la guerre 1954-1958

Pour garder l'Algérie française la métropole envoie l'armée, soutenue par les harkis et les combattants du FLN mènent la guérilla pour une Algérie indépendante

1958

Après le coup de force mené par une partie de l'armée et les Français d'Algérie contre la IVe République, le général de Gaulle revient au pouvoir le 13 mai 1958

Temps de la négociation 1959-1961

En 1959, de Gaulle organise l'autodétermination de l'Algérie mais se heurte à l'opposition de l'Algérie française (OAS)

L'indépendance

Le 18 mars 1962, les accords d'Evian ouvrent la voie à l'indépendance, mais les attentats de l'OAS s'intensifient.

L'indépendance est proclamée en juillet 1962 mais elle s'accompagne du départ tragique des Français d'Algérie et des harkis

Un monde bipolaire au temps de la guerre froide

FICHE 15

1 De l'alliance à la rupture des Alliés

a. La naissance de l'ONU

En juin 1945, les Alliés signent la charte de San Francisco créant l'**Organisation des Nations unies**. 51 États membres espèrent la paix durable et le développement de la démocratie.

b. Du « rideau de fer »...

- Après Yalta et la capitulation allemande, la conférence de Postdam de juillet 1945 débouche sur la **division de l'Allemagne et de Berlin** en zones d'occupation américaine, britannique, française et soviétique.
- L'influence du communisme s'accroît dans les pays d'Europe libérés par l'Armée rouge. En 1946, les États-Unis et la Grande-Bretagne s'en inquiètent et Churchill accuse l'URSS de faire tomber un « **rideau de fer** » en Europe.

c. ... au monde bipolaire

- En 1947, **Truman** veut stopper l'expansion du communisme et les États-Unis proposent le **plan Marshall**, une aide économique et financière, pour aider à la reconstruction de l'Europe. Les pays d'Europe occidentale l'acceptent. Mais à l'Est, **Jdanov** préconise la rupture avec l'Ouest et, sous la pression de Staline, les pays de l'est de l'Europe le refusent. L'Europe est coupée en deux.
- Dans le monde, **deux blocs, l'Est et l'Ouest**, s'opposent et s'organisent militairement et idéologiquement. En 1949, les États-Unis, pour le capitalisme et la démocratie, créent **l'OTAN**, organisation militaire regroupant leurs alliés occidentaux, et l'URSS, pour le communisme, instaure en 1955 le **pacte de Varsovie**, rassemblant les troupes des pays de l'Est. En octobre 1949, la Chine communiste renforce le bloc de l'Est.

À retenir

La guerre froide est une période de tensions politiques et idéologiques entre les deux blocs, sans affrontement militaire direct (1947-1991).

2 La bipolarisation du monde pendant la guerre froide

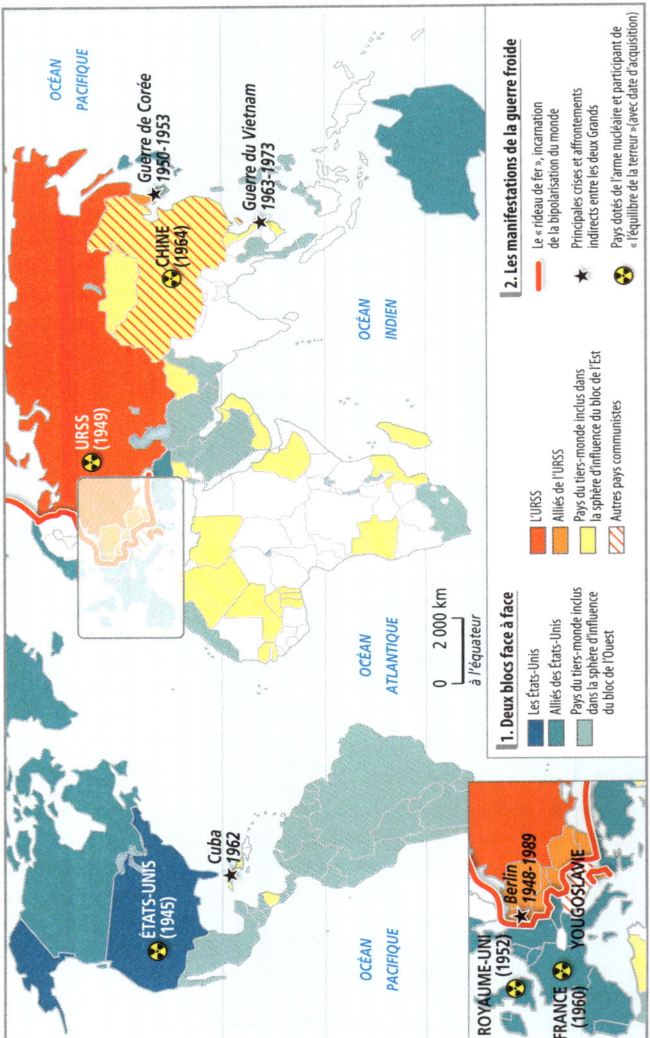

Exercice commenté pas à pas

Analyser une carte historique

Sujet : expliquez pourquoi l'histoire de Berlin reflète la confrontation Est/Ouest (1948-1989)

La partition de Berlin – 1948-1989

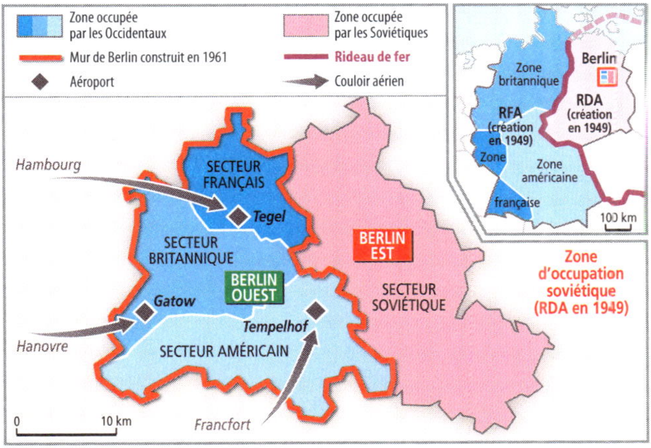

Avant de commencer

- ▶ **Identifier** l'espace cartographié et prélever des informations dans la légende.
- ▶ **Repérer** les étapes importantes.
- ▶ **Expliquer** les enjeux.

Lire la carte

– Présentez le territoire cartographié et relevez son titre. L'encart complète la vision à l'échelle locale par l'échelle nationale.
– Lisez attentivement la légende et assurez-vous de bien comprendre le sens des aplats de couleur, des figurés linéaires et des figurés ponctuels.

Replacer la carte dans son contexte historique

– Les aplats de couleur présentent la situation initiale : référez-vous à l'évènement historique qui vient de s'achever et formulez des explications à l'aide de vos connaissances.
– Tenez compte de la période mentionnée pour la situer dans une grande période historique.

Comprendre l'évolution de la situation

– Quelques dates apparaissent : relevez-les, placez-les dans l'ordre chronologique et indiquez à quoi elles correspondent.
– Aidez-vous des figurés linéaires et ponctuels pour déterminer et expliquer les grandes étapes de l'évolution de la situation.

Comprendre les enjeux de cette situation

Il y a un enjeu local essentiel pour les populations vivant sur place. N'oubliez pas que l'enjeu existe aussi à l'échelle européenne et mondiale.

Conseil : observer ne suffit pas. Pensez toujours à expliquer les remarques que vous formulez !

Corrigé :

Berlin, partagée depuis 1945 en quatre secteurs d'occupation, se situe dans la zone soviétique. Pour forcer les Alliés à abandonner Berlin, l'URSS coupe les accès terrestres à Berlin en 1948. Pour éviter l'affrontement militaire, les États-Unis ravitaillent la ville par un pont aérien. En 1949, l'URSS lève le blocus, mais la crise provoque la scission de l'Allemagne en deux États : la République fédérale d'Allemagne (RFA), alliée des États-Unis, avec sa capitale, Bonn, et la République démocratique allemande (RDA) alliée de l'URSS, avec sa capitale, Berlin-Est. Berlin-Ouest reste une ville de RFA située sur le territoire de la RDA.
La RDA, constatant que 3,5 millions d'Allemands de l'Est fuient vers l'Ouest en passant par Berlin, décide, en août 1961, d'ériger un mur coupant Berlin en deux. Le « mur de la honte » symbolise la logique du monde bipolaire.
Dès 1985, le Soviétique Gorbatchev desserre sa tutelle sur les démocraties populaires, dont la RDA. La contestation commencée en Pologne aboutit à la chute du mur de Berlin en novembre 1989 et à la réunification allemande en 1990. L'État allemand, qui retrouve sa souveraineté sur l'ensemble du territoire, marque la conclusion de la Deuxième Guerre mondiale. C'est aussi le premier acte de la fin de la guerre froide.

Affirmation et mise en œuvre du projet européen

FICHE 17

1 De la Communauté économique européenne...

a. L'idée d'Europe

Dès 1945, Jean Monnet reprend l'idée de créer des États-Unis d'Europe, mais, avec la guerre froide et le plan Marshall, les États-Unis encouragent les pays d'Europe de l'Ouest à coopérer pour faciliter le retour à la prospérité économique et préserver la paix.

b. Construire l'Europe

À retenir

La CEE établit un marché commun basé sur la libre circulation des biens et des personnes.

- En 1950, Robert Schuman, qui veut renforcer les rapports franco-allemands, propose une mise en commun de la production d'acier et de charbon. En 1951, la France, la RFA, l'Italie, la Belgique, les Pays-Bas et le Luxembourg signent le traité instituant la Communauté européenne du charbon et de l'acier, ou CECA. En 1957, ces six pays signent les **traités de Rome** instituant la **Communauté économique européenne (CEE)** et l'Euratom.
- La CEE est dynamique et attire les pays voisins. Des **élargissements successifs** se font vers le nord (Royaume-Uni, Irlande et Danemark en 1973) et vers le sud (Grèce en 1981, Portugal et Espagne en 1986).
- Parallèlement, la CEE connaît un **approfondissement**, car ses institutions se consolident (Parlement européen élu au suffrage universel) et des politiques communautaires se mettent en place dans l'agriculture (PAC) et les transports. L'Acte unique européen et les **accords de Schengen** de 1986 renforcent la libre circulation des hommes, des biens, des services et des capitaux.

2 ... à l'Union européenne

a. L'après guerre froide

La division de l'Europe prend fin et l'Allemagne réunifiée pèse d'un poids plus lourd. L'idée européenne est relancée avec la

À retenir

L'approfondissement renforce les institutions européennes et **l'élargissement** est l'ouverture de la CEE à d'autres pays membres.

signature du **traité de Maastricht**, en 1992, instituant l'Union européenne. Celui-ci approfondit la construction européenne, car il prévoit une **monnaie unique** (l'euro, mis en circulation en 2002), une banque centrale européenne, une **politique étrangère commune** et une **citoyenneté européenne**.

b. Les élargissements vers l'Est

L'effondrement du bloc communiste et la dislocation de l'URSS permettent aux États neutres et aux ex-pays communistes de solliciter leur adhésion à l'UE : c'est le sens des élargissements de **1995** (Autriche, Suède, Finlande), de **2004** (Pologne, Hongrie, République tchèque, Slovaquie, Slovénie, Lituanie, Lettonie, Estonie, Chypre et Malte), de **2007** (Roumanie et Bulgarie) et de **2013** (Croatie).

L'élargissement de la CEE jusqu'en 1991

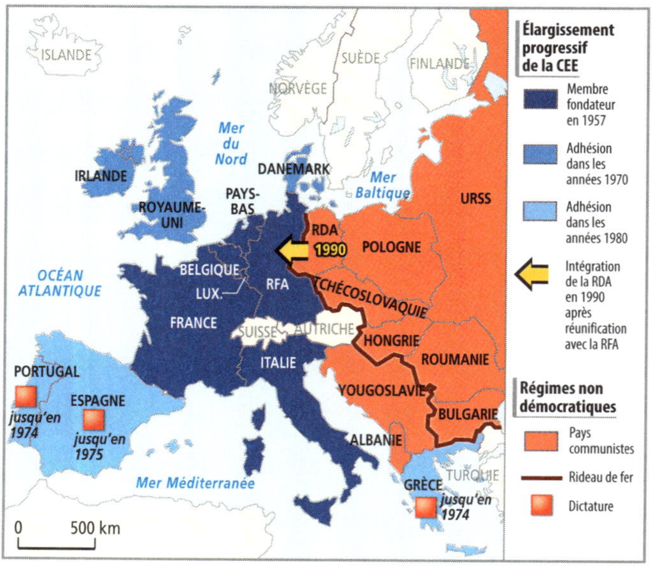

Réaliser une carte

Tâche cartographique : la construction européenne

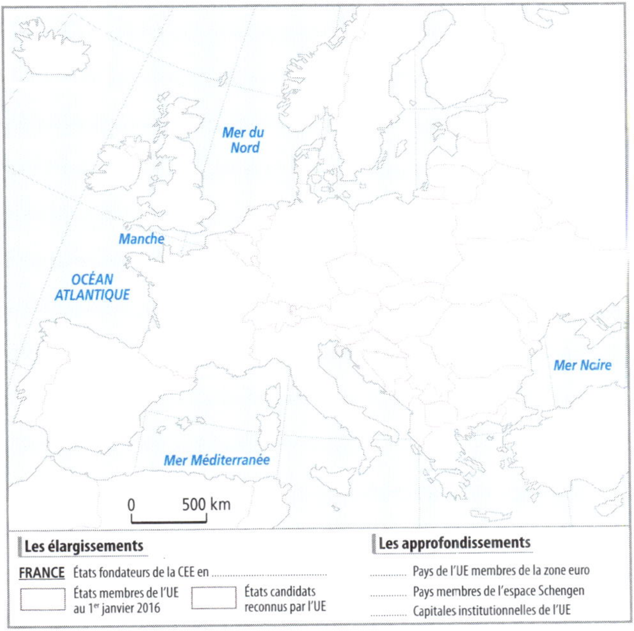

Avant de commencer

- ▶ **Comprendre et interpréter** des figurés (forme, taille, couleur).
- ▶ **Localiser** différents espaces.
- ▶ **Donner un titre** pour identifier le thème concerné.

L'UE se construit par élargissement

Choisissez les aplats de couleur adéquats pour figurer les 28 États membres de l'UE, pour identifier les six États fondateurs de la CEE et les États candidats reconnus par l'UE.

L'UE se construit par approfondissement

Choisissez les figurés adéquats pour représenter les pays de l'UE membres de la zone euro, de l'espace Schengen et les cinq capitales européennes.

Nommer les États membres

Conseil : une carte doit être belle et claire. Écrivez les noms des États en capitales d'imprimerie et les capitales en minuscules (éventuellement dans une autre couleur).

Corrigé :

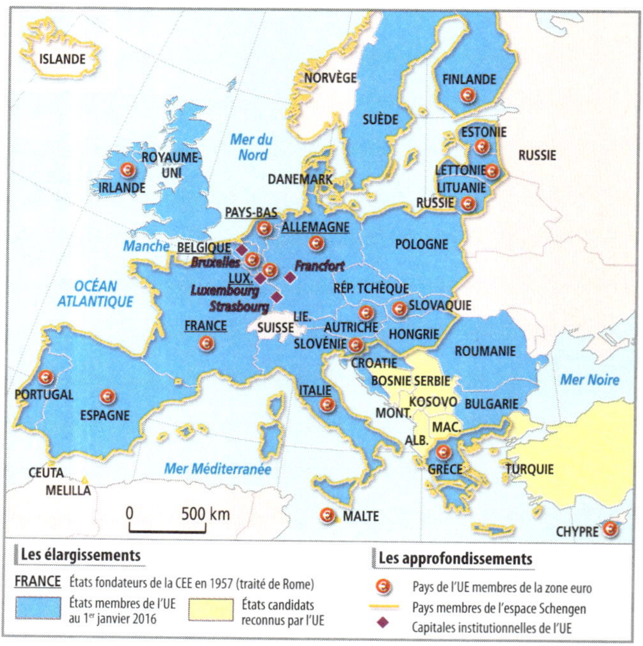

Enjeux et conflits dans le monde après 1989

FICHE 19

1 Les années 1990

a. Le nouvel ordre mondial de l'après guerre froide

- Avec la fin de la guerre froide, le monde devient **unipolaire** puisqu'il est dominé par l'hyperpuissance américaine, tant sur le plan diplomatique que militaire, économique que culturel.

- Avec la fin de la guerre froide, **l'ONU** qui n'est plus paralysée par le véto au Conseil de sécurité de l'un des deux Grands, affirme sa légitimité à l'échelle planétaire.

b. Des tensions

- Les **nationalismes** liés à des conflits ethniques ou religieux se développent en Europe (ex-Yougoslavie), en Afrique (génocide rwandais) et en Asie.

- **Au Proche-Orient**, le conflit israélo-palestinien persiste malgré les tentatives de processus de paix.

2 Les nouvelles conflictualités depuis 2001

a. Les attentats de septembre 2001

Perpétrés par l'organisation terroriste Al-Qaida, ils témoignent de la remise en cause de la puissance américaine. Les États-Unis décident de combattre les « forces du mal » et interviennent militairement avec l'approbation de la communauté internationale en **Afghanistan**, en 2001, puis sans l'accord de l'ONU **en Irak**, en 2003.

b. De nouvelles menaces

- Les groupes terroristes islamistes comme Al-Qaida ou Daech mènent des campagnes de guérilla en Afrique sub-saharienne, au Proche-Orient (Syrie, Irak) et dans les grandes villes européennes (**attentats** de Madrid en 2004, de Londres en 2009, de Paris en 2015 et de Bruxelles en 2016). **L'islamisme** se diffuse aussi en Afrique du Nord et, en 2011, le « printemps arabe » en Tunisie ou en Égypte a également déstabilisé cet espace fragile.

- Il en résulte des **guerres asymétriques** entre les États occidentaux et les organisations terroristes. Celles-ci déstabilisent des

À retenir

Une guerre asymétrique est une guerre opposant une armée régulière à un mouvement de guérilla (exemple : l'intervention française au Mali).

États et les civils en sont les victimes. Il s'ensuit des flux importants de réfugiés à destination de l'Union européenne qui mettent à mal sa cohésion et augmentent les tensions internes entre ses États membres.

- L'Iran et la Corée du Nord, sur le point de posséder la **bombe atomique**, sont aussi des sujets d'inquiétude.

c. La montée en puissance de nouveaux acteurs

À retenir

Le G20 est composé du G8 (États-Unis, Royaume-Uni, France, Allemagne, Italie, Japon, Canada, Russie), d'une personne représentant l'Union européenne et de 11 pays puissants économiquement (**les BRICS** – **B**résil, **R**ussie, **I**nde, **C**hine, Afrique du **S**ud – l'Argentine, le Mexique, l'Arabie saoudite, la Turquie, l'Indonésie, la Corée du Sud et l'Australie).

- Avec la mondialisation, les formes de la puissance se diversifient. L'essor économique profite d'abord à l'Asie où deux géants, la **Chine** et l'**Inde**, apparaissent sur la scène internationale.
- Rejoints par le **Brésil**, ces **États émergents** entendent peser dans la géopolitique mondiale et participent aux conférences internationales de l'OMC (l'Organisation mondiale du commerce) ou aux sommets du **G20** et des **BRICS**.

Un nouvel ordre mondial

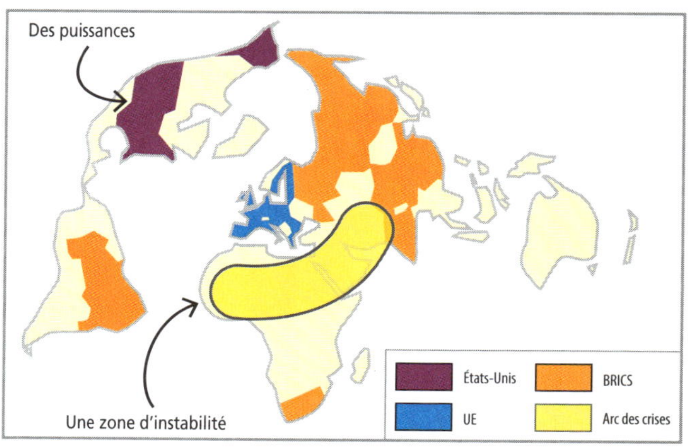

BILAN

FICHE 20

Le monde depuis 1945

MÉMO

THÈMES clés

Indépendance et construction de nouveaux États : fiche 13

Un monde bipolaire au temps de la guerre froide : fiche 15

Affirmation et mise en œuvre du projet européen : fiche 7

Le monde après 1989 : fiche 19

MOTS clés

Guerre froide : entre 1947 et 1991, période marquée par des tensions politiques et idéologiques entre les deux blocs sans affrontement militaire direct.

Bipolaire : désigne l'organisation du monde autour du bloc américain (l'Ouest) et du bloc soviétique (l'Est).

Tiers-monde : désigne les pays pauvres souvent issus de la décolonisation.

Multipolaire : désigne l'organisation du monde en plusieurs pôles par opposition au monde bipolaire de la guerre froide.

REPÈRES clés

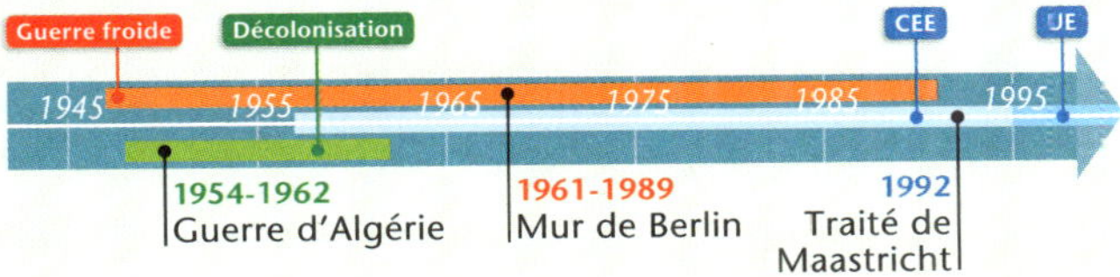

SCHÉMA-BILAN

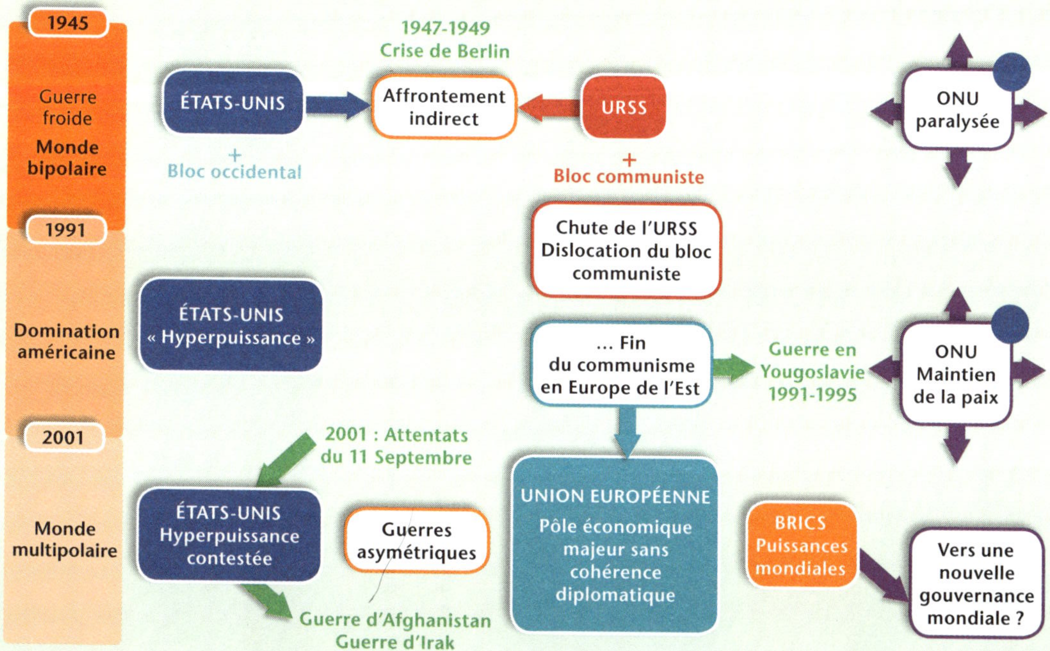

Quiz-bilan

FICHE 21

→ *Réponses au verso.*

1 En quelle année l'ONU est-elle créée ?
a. ☒ 1945 b. ☐ 1949 c. ☐ 1955

2 Qu'est-ce que le plan Marshall ?
a. ☐ un programme d'aide économique proposé en 1947 par l'URSS
b. ☐ un programme d'aide économique proposé en 1947 par les Alliés
c. ☒ un programme d'aide économique proposé en 1947 par les États-Unis

3 Qu'est-ce que l'OTAN ?
a. ☒ une alliance militaire
b. ☐ une alliance économique
c. ☐ une agence de l'ONU chargée des relations culturelles et de l'éducation

4 Quel État n'est pas membre fondateur de la CEE ?
a. ☐ le Luxembourg
b. ☒ le Royaume-Uni
c. ☐ la France

5 En quelle année la chute du mur de Berlin a-t-elle eu lieu ?
a. ☒ 1989 b. ☐ 1990 c. ☐ 1991

6 Quel est le nom du parti nationaliste algérien ?
a. ☐ le parti du Congrès
b. ☐ la Ligue musulmane
c. ☒ le FLN

7 Dans le cadre de la décolonisation, que désigne la métropole ?

a. ☐ une ville
b. ☐ la colonie
c. ☒ le pays possédant un empire colonial

8 Qu'est-ce qu'un État souverain ?

a. ☒ un État indépendant avec des frontières reconnues par la communauté internationale
b. ☐ un territoire situé en outre-mer
c. ☐ un territoire occupé et administré par un autre État

9 Durant la guerre froide, le monde est :

a. ☐ unipolaire b. ☒ bipolaire c. ☐ multipolaire

10 Que désignent les BRICS ?

a. ☐ les pays les plus industrialisés de la planète
b. ☐ les trois grands pôles de puissance mondiaux
c. ☒ les nouvelles puissances économiques ou pays émergents

11 L'islamisme correspond à :

a. ☐ la religion musulmane
b. ☒ l'idéologie politique selon laquelle la loi islamique est la base du fonctionnement de l'État
c. ☐ les fidèles musulmans

12 Depuis la fin de la guerre froide, qu'a connu l'UE ?

a. ☒ des élargissements et des approfondissements
b. ☐ seulement des élargissements
c. ☐ seulement des approfondissements

Réponses :

1 a – 2 c – 3 a L'OTAN signifie l'Organisation du traité de l'Atlantique nord ; c'est l'alliance militaire formée par les États-Unis et regroupant ses alliés du bloc occidental. – 4 b – 5 a – 6 c Le parti du Congrès et la Ligue musulmane sont deux partis nationalistes en Inde. – 7 c – 8 a – 9 b – 10 c BRICS est un acronyme anglais désignant le Brésil, la Russie, l'Inde, la Chine et l'Afrique du Sud (South Africa). – 11 b – 12 a Le traité de Maastricht de 1992 approfondit la construction européenne (citoyenneté européenne, politique de sécurité commune, monnaie). Il ouvre aussi la voie à l'élargissement de l'UE aux ex-pays du bloc soviétique et aux ex-républiques d'URSS.

Refonder la République (1944-1947)

FICHE 22

1 Refonder la République

a. Revenir aux valeurs républicaines

- À la **Libération**, les hommes issus de la Résistance considèrent l'État français de Vichy comme une parenthèse et affirment leur volonté de refonder et de rénover la République.

> **À retenir**
>
> La **Libération** est la période allant de la libération de Paris, le 25 août 1944, à la libération totale du territoire de l'occupation étrangère et à la capitulation de l'Allemagne, le 8 mai 1945.

- Le général de Gaulle, chef du gouvernement provisoire de la République française, déclare « nulles et sans effet » les mesures de Vichy et rétablit la démocratie en nommant des Commissaires de la République (des représentants du GPRF) dans les territoires français libérés (→ fiche 9).

b. Revenir à l'État-nation et à l'État providence

De 1944 à 1946, le gouvernement, inspiré par le programme du **Conseil national de la Résistance**, procède à des réformes politiques comme **le vote et l'éligibilité des femmes en 1944**, des réformes économiques telles les **nationalisations** de l'énergie (Charbonnages de France, EDF-GDF), des transports (Renault, Air France), des banques, et des réformes sociales (création de **la Sécurité sociale en 1945**). Ces réformes mises en place complètent celles du Front populaire et élargissent la démocratie dans un sens social.

> **À retenir**
>
> Huit représentants des mouvements de la Résistance, six représentants des partis politiques, deux représentants de confédérations syndicales constituent le **Conseil national de la Résistance**.

2 Redéfinir la démocratie

a. Vers une nouvelle République

- Le « oui » au référendum du 21 octobre 1945 signifie la création d'une nouvelle République. Des divergences existent, quant à la future Constitution, entre le PC, la SFIO, le MRP.

• Le général de Gaulle, n'étant pas écouté lors de son discours de Bayeux en juin 1946, quand il réclame un pouvoir exécutif fort, se retire et laisse la place aux partis politiques qui préfèrent le régime parlementaire.

b. L'avènement de la IVe République

La Constitution de 1946, adoptée par référendum, institue la IVe République. Contestée par les gaullistes et les communistes exclus du pouvoir en 1947 du fait de la guerre froide, la IVe République est marquée par l'instabilité ministérielle. Elle assure la reconstruction économique et politique du pays, mais s'enlise dans les guerres coloniales. (→ fiche 13)

Les institutions de la IVe République (1946-1958)

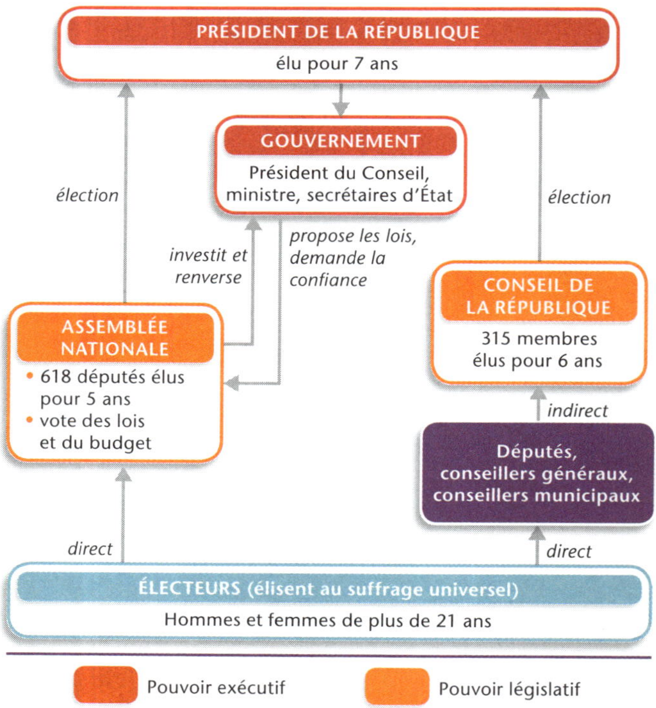

Exercice commenté pas à pas

Mettre en relation des documents

Sujet : expliquez comment la République refondée redéfinit la démocratie

Au lendemain de la victoire remportée par les peuples libres […], le peuple français proclame à nouveau que tout être humain sans distinction de race, de religion ni de croyance, possède des droits inaliénables et sacrés. […]
La loi garantit à la femme, dans tous les domaines, des droits égaux à ceux de l'homme.
Tout bien, toute entreprise, dont l'exploitation a ou acquiert les caractères d'un service public national ou d'un monopole de fait, doit devenir la propriété de la collectivité.
Elle [*la Nation*] garantit à tous, notamment à l'enfant, à la mère et aux vieux travailleurs, la protection de la santé, la sécurité matérielle, le repos et les loisirs.

Extraits de la Constitution de 1946.

Mesures inspirées du ……………… inscrites dans la ………………	Expression illustrant le document	Conséquences de la mesure	Valeur/ principe républicain recherché

Avant de commencer

- **Prendre connaissance** des documents.
- **Dégager** les thèmes respectifs.
- **Rechercher** les points communs et les différences.

Identifier les documents

– Après avoir repéré le contexte historique du texte, soulignez les éléments indiquant sa nature et sa date. Surlignez, par des couleurs différentes ses trois éléments essentiels.
– Observez les documents iconographiques et décrivez-les pour en connaître le thème.

Établir des liens entre les documents

Associez à chaque document iconographique l'expression du texte s'y rapportant.

Répondre au sujet posé

Vous avez à justifier l'idée qu'après la période de la guerre et du régime de Vichy, les Français veulent rétablir les valeurs de la République et de la démocratie.

Corrigé :

Mesures inspirées du CNR inscrites dans la Constitution de 1946

Expression illustrant…	Conséquences…	Valeur/principe…
« La loi garantit à la femme, dans tous les domaines, des droits égaux à ceux de l'homme »	Femmes et hommes participent aux élections locales, législatives et aux référendums organisés en 1945-1946	Une République démocratique : un gouvernement du peuple, par le peuple, pour le peuple
« Elle garantit à tous la protection de la santé, la sécurité matérielle, le repos et les loisirs »	Les Français bénéficient des actions des branches santé, famille et vieillesse de la Sécurité sociale, fonctionnant sur le principe de la solidarité intergénérationnelle	Une République sociale et un État providence
« Toute entreprise, dont l'exploitation a les caractères d'un service public national, doit devenir la propriété de la collectivité »	L'État nationalise les secteurs indispensables à la reconstruction de la France au lendemain de la guerre	Une République sociale

La Ve République

FICHE 24

1 La République gaullienne (1958-1969)

a. Le renforcement du pouvoir exécutif

À retenir

Depuis le référendum de 1962, le président de la République est élu au suffrage universel direct.

- En mai 1958, en pleine guerre d'Algérie, **le général de Gaulle** est rappelé au pouvoir. Il accepte à la condition d'établir une **Constitution** qui renforcerait le pouvoir exécutif et affirmerait la puissance de l'État et de la nation.
- En 1958, la **nouvelle Constitution** est ratifiée par référendum et la Ve République est fondée. Le général de Gaulle est élu président de la République au suffrage universel indirect.
- La fonction et la légitimité présidentielles sont renforcées.

b. « La grandeur de la France »

Le général de Gaulle règle la guerre d'Algérie et décolonise l'Afrique noire. Il détache la France de l'emprise américaine en la dotant de la **bombe atomique** en 1960, la fait sortir du commandement de l'OTAN en 1966. Il reconnaît la Chine populaire en 1964, renforce l'axe franco-allemand dans la **construction européenne** et défend **la francophonie**.

c. La crise de mai 1968

Les étudiants, qui aspirent à plus de libertés, s'opposent aux forces de l'ordre et sont rejoints par **les salariés** qui font grève. Le Premier ministre signe avec les syndicats **les accords de Grenelle** (augmentation de salaire et droits nouveaux). De Gaulle dissout l'Assemblée nationale et propose aux Français **un référendum** sur la « régionalisation ». Le « non » l'emporte et il démissionne en 1969.

2 De l'alternance à la cohabitation

a. L'alternance

En 1981, l'élection à la présidence de la République du socialiste **François Mitterrand** marque **l'alternance**. Des réformes sociales sont lancées (39 heures de travail, 5e semaine de congés payés). L'État nationalise des groupes industriels et des banques, met en place la réforme de la décentralisation et **abolit la peine de mort**.

b. La cohabitation

- La politique de rigueur des socialistes fait que la droite devient majoritaire à l'Assemblée nationale aux élections législatives de 1986. C'est la cohabitation, car François Mitterrand prend un Premier ministre de droite. Réélu président en 1988, François Mitterrand connaît sa **deuxième cohabitation** de 1993 à 1995.
- **Le président Jacques Chirac**, élu en 1995, dissout l'Assemblée nationale en 1997, mais la victoire de la gauche aux élections législatives l'oblige à nommer un Premier ministre de gauche. C'est la **troisième cohabitation**. Pour l'éviter, le référendum réduisant le septennat à un quinquennat est ratifié par les Français, en 2000, et une loi fait passer les élections législatives après l'élection présidentielle.
- En 1995, Jacques Chirac inaugure le quinquennat. En 2012, l'arrivée à la présidence du socialiste **François Hollande** ouvre une **nouvelle alternance**.

À retenir

L'**alternance** est le changement de majorité après une élection (présidentielle ou législative) ; la **cohabitation** est la présence d'un président de la République et d'un Premier ministre d'orientation politique opposée.

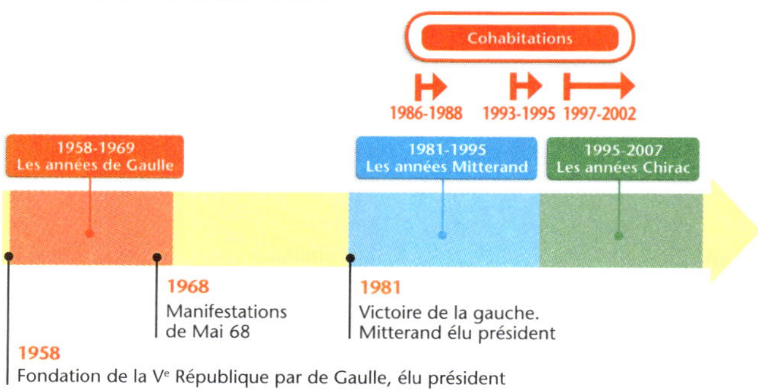

Analyser un discours politique

Sujet : expliquez comment la pratique de la Constitution de 1958 renforce le pouvoir exécutif

Françaises, Français,
Étant le détenteur de la légitimité nationale et républicaine, j'ai envisagé depuis vingt-quatre heures, toutes les éventualités, sans exception, qui me permettraient de la maintenir. J'ai pris mes résolutions.
Dans les circonstances présentes, je ne me retirerai pas.
J'ai un mandat du peuple, je le remplirai.
Je ne changerai pas le Premier ministre, dont la valeur, la capacité méritent l'hommage de tous. Il me proposera les changements qui lui paraîtront utiles dans la composition du gouvernement.
Je dissous aujourd'hui l'Assemblée nationale [...].
Eh bien ! Non ! La République n'abdiquera pas.
Le peuple se ressaisira. Le progrès, l'indépendance et la paix l'emporteront avec la liberté.
Vive la République !
Vive la France !

Allocution radiodiffusée du général de Gaulle, 30 mai 1968.

Avant de commencer

- **Présenter** l'auteur, la date et le public auquel il est destiné.
- **Replacer** le discours dans son contexte historique.
- **Relever** des informations pour expliquer son enjeu.

Présenter le discours dans son contexte

– La source du document vous indique l'auteur, la date où il est prononcé et vous permet de déduire le public auquel il est destiné.
– Établissez ensuite la relation entre la date du discours et la période historique, et précisez la situation politique, économique ou sociale du pays à cette date.

Relever des informations dans le discours

Recherchez les mots-clés du champ lexical de la politique et soulignez les phrases importantes du discours.

l'enjeu du discours

Vous montrerez la portée du discours en examinant ses conséquences à plus ou moins long terme.

Corrigé :

– Le général de Gaulle s'adresse aux Français, depuis la radio, pendant la crise de mai 1968. Le mouvement étudiant et ouvrier secoue la France et les partis de gauche réclament sa démission.
– Il rappelle qu'il est un président légitime élu au suffrage universel par les citoyens français, en 1965, pour un mandat de sept ans. Il énonce deux de ses pouvoirs : « Je ne changerai pas le Premier ministre » : c'est au président de la République de le nommer et de le conserver. « Je dissous aujourd'hui l'Assemblée nationale » : le régime est présidentiel, car le président de la République peut dissoudre l'Assemblée nationale.
– La dissolution de l'Assemblée nationale permet au général de Gaulle de retrouver une majorité présidentielle aux élections législatives. Son prestige est effrité et, pour mesurer le soutien des Français à sa politique, il propose en avril 1969 un référendum sur la régionalisation et la réforme du Sénat. 53 % des Français votent « non » et, le lendemain, le général de Gaulle démissionne.

Hommes et femmes dans la société française

FICHE 26

1 Les transformations de la société française

a. Dans la famille

- Dans les années 1950, **la France rajeunit**. La natalité y est forte (baby-boom) et l'espérance de vie s'allonge. Mais dans les années 1970, la natalité diminue et le **vieillissement de la population** s'amorce.

- Les **femmes**, entrées dans la vie active, voient leurs droits s'étendre. Sans autorisation du mari, elles peuvent exercer une profession, choisir le lieu de résidence et divorcer par consentement mutuel. Les **jeunes** forment une classe d'âge avec des valeurs, une « mode » (T-shirt et jean), des magazines (*Salut les copains*), des biens de consommation (transistors, disques vinyles).

b. Dans le cadre de vie

- L'**exode rural** et la croissance démographique gonflent les villes, qui construisent HLM et barres d'immeubles dans les banlieues.

- La croissance économique, qui profite aux services et à l'industrie qui développe le travail à la chaîne, repose sur l'**immigration**, que l'État encourage. En 1980, on compte quatre millions d'immigrés.

- Les ménages s'équipent en biens de consommation (électroménager, TV, automobile) et consomment des loisirs. La presse écrite décline depuis les années 1950, mais la radio, la télévision et le cinéma français, soutenus par les subventions de l'État, deviennent les vecteurs de la culture.

> **À retenir**
>
> Les **Trente Glorieuses** correspondent à la période de prospérité allant de 1945 à 1975.

2 La fin des Trente Glorieuses

a. La crise économique de 1973

- Le chômage augmente et des signes de crispation sociale naissent. Les manifestations se multiplient (infirmières, sidérurgistes) et des formes de citoyenneté venant en aide aux plus démunis se créent. Les Restos du Cœur de Coluche offrent, en 1985, un repas gratuit à ceux qui n'ont plus les moyens de se nourrir. En 1988, la **loi instituant le RMI** est votée. Elle assure aux personnes victimes de la crise un revenu minimum permettant de vivre dans la dignité.

- L'État arrête toute nouvelle immigration en 1974, multiplie les expulsions et reconduites à la frontière des immigrés clandestins en 1980. Des réactions xénophobes se multiplient mais des associations comme **SOS Racisme** deviennent plus actives. Les Beurs tentent de se faire reconnaître et demandent plus d'égalité.

À retenir

Les **Beurs** désignent celles et ceux qui sont nés sur le sol français de parents immigrés.

b. L'évolution du modèle social républicain

- L'État s'adapte aux évolutions des mentalités par des lois ou des mesures qui dépassent les clivages politiques droite/gauche. La **loi abolissant la peine de mort** en 1981 en est un exemple.
- Pour prendre en compte la nouvelle place de la jeunesse et de la femme dans la société, la scolarité est rendue obligatoire jusqu'à 16 ans en 1967 et **l'âge de la majorité est abaissé à 18 ans** en 1974.
- Dans l'évolution des mœurs et de la sexualité, les changements sont notoires. Des lois garantissent davantage d'égalité et de liberté aux Françaises, comme par exemple la loi de 1967 autorisant la **contraception** ou celle de 1975 légalisant **l'interruption volontaire de grossesse**.

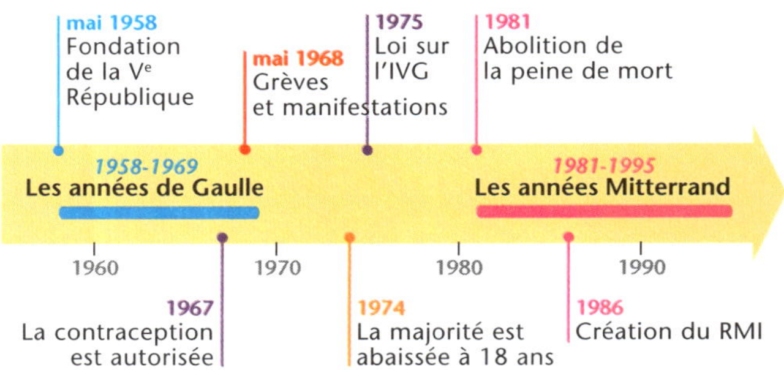

Exercice commenté pas à pas

Analyser une affiche

Sujet : expliquez l'évolution de la place des femmes dans la société française des années 1950 aux années 1980.

Affiche féministe de 1977

Avant de commencer

- ► **Présenter** l'affiche.
- ► La **décrire** en identifiant les personnages, leur place, leur taille.
- ► **Interpréter** l'affiche en expliquant son message.

Présenter l'affiche

– Recherchez les personnes à l'origine de l'affiche : un particulier, une société, un homme politique, et indiquez celles à qui elle est destinée.
– Entourez sa date et localisez le lieu de sa publication.

Décrire l'affiche

Observez la scène et identifiez le(s) personnage(s), décrivez leurs vêtements, leurs gestes, et essayez de reconnaître éventuellement des symboles politiques ou non.

Interpréter l'affiche

L'affiche est conçue pour transmettre un message à ceux qui la regardent : vous devez le déchiffrer en vous posant deux questions : de quelle personne ou groupe de personnes l'affiche sert-elle les intérêts ? Pourquoi a-t-elle été éditée ?

Corrigé :

– Le « Groupe Femmes de Martigues » est à l'origine de l'affiche éditée dans les années 1970 (1977) et adressée aux femmes françaises.
– Une femme, portant des chaussures à talons et à six bras travaille dans l'industrie (la clé anglaise pour un travail à la chaîne) et l'agriculture (la faucille), des secteurs d'activités pour lesquelles la qualification professionnelle requise est faible. Elle assume seule la responsabilité des courses (le panier à provisions), du ménage (fichu sur la tête, chiffon, balai), des repas (le plateau) et de l'éducation des enfants (l'enfant).
– Le « Groupe Femmes de Martigues » est un mouvement féministe, qui conteste la condition faite aux femmes dans la société française de cette époque. Il revendique, pour les femmes françaises, des salaires égaux à ceux des hommes, une éducation sans discrimination pour sortir du système éducatif avec un niveau plus élevé, la maîtrise de la maternité (contraception) et la reconnaissance du travail domestique.

Françaises et Français dans une République repensée

FICHE 28

MÉMO

THÈMES clés

Refonder la République (1944-1947) : fiches 22
La Ve République : fiche 24
Hommes et femmes dans la société française : fiche 26

REPÈRES clés

Organigramme de la Ve République

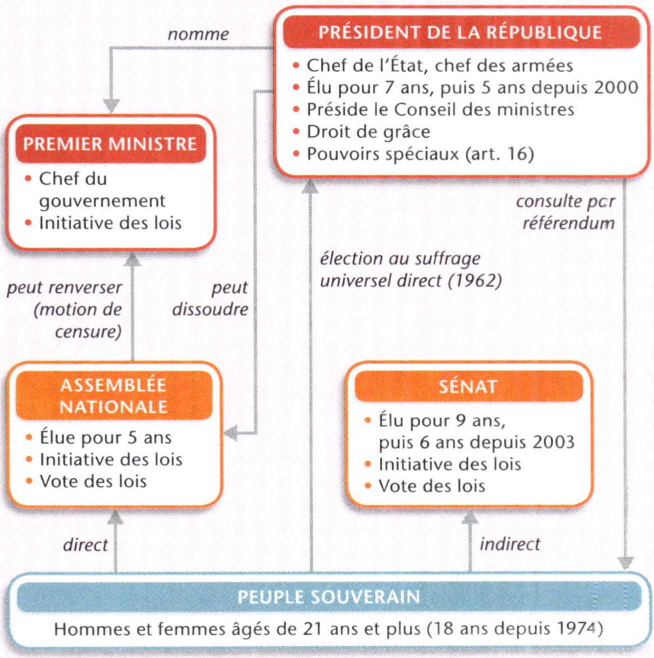

SCHÉMA-BILAN

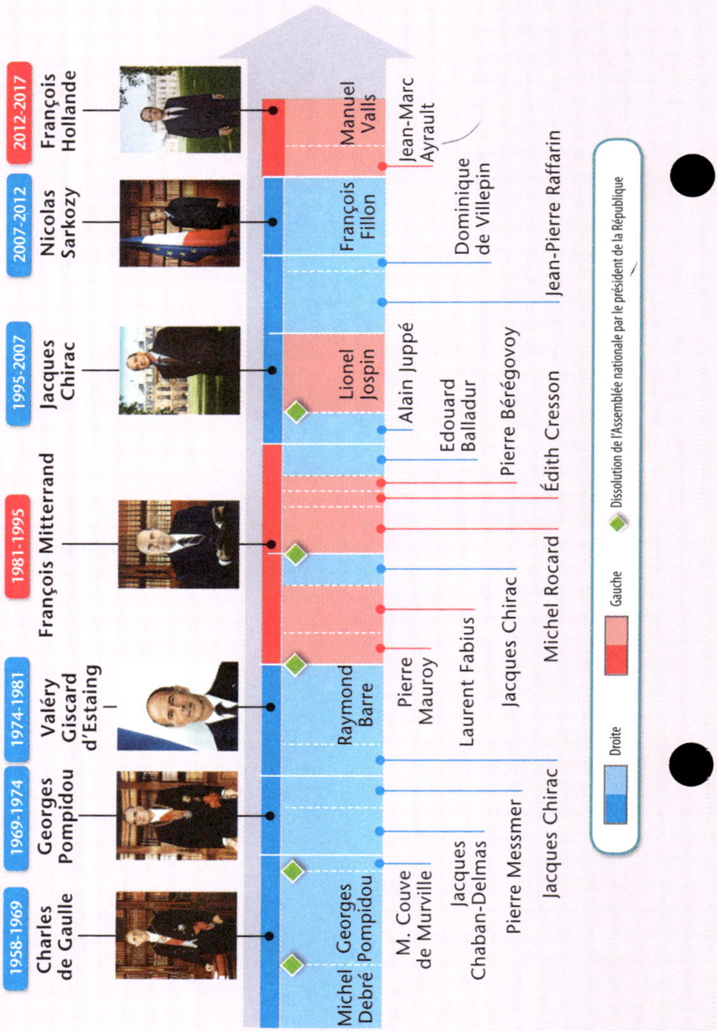

Quiz-bilan

→ *Réponses au verso.*

1 À quelle période correspond la Libération ?

a. ☐ 1943-1944 b. ☒ 1944-1945 c. ☐ 1945-1946

2 Qui est le premier président de la République élu au suffrage universel pour 5 ans ?

a. ☒ Charles de Gaulle
b. ☐ François Mitterrand
c. ☒ Jacques Chirac

3 Quelles sont les fonctions de Jacques Chirac sous la Ve République ?

a. ☒ Premier ministre
b. ☐ Premier ministre pendant la seconde cohabitation
c. ☒ Président de la République pendant la troisième cohabitation

4 Quelle est l'année de création de la Sécurité sociale ?

a. ☐ 1944. b. ☒ 1945 c. ☐ 1946

5 Quelles sont les fonctions de François Mitterrand sous la Ve République ?

a. ☐ le premier président de la Ve République
b. ☒ le premier président socialiste de la Ve République
c. ☒ le président de la République durant deux cohabitations

6 Quelle est la définition de l'alternance ?

a. ☒ le changement de majorité suite à des élections présidentielle ou législatives
b. ☐ le texte fondamental qui définit l'organisation politique d'un État
c. ☐ la coexistence à la tête de l'exécutif de deux personnes de tendance politique opposée

7 À quelle période les Trente Glorieuses correspondent-elles ?

a. ☐ 1935-1965 b. ☒ 1945-1975 c. ☐ 1955-1985

8 Quand l'arrêt de toute nouvelle immigration est-il décidé ?

a. ☐ 1964 b. ☒ 1974 c. ☐ 1984

9 Quel président de la République dote la France de la bombe atomique ?

a. ☒ Charles de Gaulle
b. ☐ François Mitterrand
c. ☐ Jacques Chirac

10 Pour la France, à quoi correspond la période 1981-1995 ?

a. ☐ aux années de Gaulle
b. ☒ aux années Mitterrand
c. ☐ aux années Chirac

11 Quand les Françaises obtiennent-elles le droit de vote ?

a. ☒ 1944 b. ☐ 1945 c. ☐ 1946

12 Quel président de la Ve République a effectué deux septennats ?

a. ☐ Charles de Gaulle
b. ☒ François Mitterrand
c. ☐ Jacques Chirac

Réponses :

1 b – **2 c** Le référendum sur le quinquennat est adopté en 2000 et Jacques Chirac est élu à la présidence de la République en 2002. – **3 a, c** – **4 b** – **5 b, c** – **6 a** La Constitution est le texte fondamental qui définit l'organisation politique d'un État et la cohabitation est la coexistence à la tête de l'exécutif de deux personnes de tendance politique opposée. – **7 b** – **8 b** C'est la crise de 1973 qui est à l'origine de l'arrêt de toute nouvelle immigration. Les retours volontaires sont encouragés. – **9 a** – **10 b** – **11 a** Si les femmes obtiennent le droit de vote en 1944, leur première participation aux élections a lieu en 1945. – **12 b** Charles de Gaulle a démissionné en 1969 au cours de son second septennat et Jacques Chirac a effectué un septennat et un quinquennat.

Les aires urbaines de la France mondialisée

FICHE 30

1 Une France en villes

a. Les aires urbaines

• La France compte plus de 350 **aires urbaines** et 83 % des Français vivent dans une grande aire urbaine, ce qui représente 43 % du territoire.

À retenir

L'aire urbaine se compose de l'agglomération (une ville-centre et ses banlieues) et de sa couronne périurbaine.

• De 1945 à 1975, la croissance des villes se marque par la **construction des banlieues**. Depuis 1975, la croissance des agglomérations ralentit au profit des **couronnes périurbaines**. Depuis la fin des années 1990, des **espaces ruraux** éloignés des centres urbains connaissent une croissance démographique forte ; 95 % de la population française vit sous l'influence d'un pôle urbain.

b. Les enjeux de la périurbanisation

• Le premier est l'**augmentation de la mobilité des Français** depuis leur lieu de travail (ville-centre) vers leur lieu de résidence (banlieue et couronnes périurbaines dans lesquelles les logements sont moins chers et plus grands et le cadre de vie plus agréable).

À retenir

On appelle **périurbanisation** le mouvement d'étalement urbain. Les habitants s'installent au-delà de la ville-centre et des banlieues, dans les campagnes environnantes.

• Le second enjeu est lié au développement durable. La périurbanisation occasionne une **ségrégation socio-spatiale** qui peut devenir source de conflits. Elle nécessite le développement des réseaux de transport, d'électricité ou d'eau que les collectivités territoriales gèrent dans l'intérêt de tous, en essayant de limiter les nuisances et les conflits d'intérêts avec les agriculteurs des zones périurbaines. Cela signifie que les territoires naguère ruraux passent sous influence urbaine, quand ils sont bien reliés à la ville. Ils ne sont plus seulement des espaces de productions agricoles, mais ils deviennent des espaces résidentiels et/ou récréatifs pour les citadins.

2 De nouvelles dynamiques régionales

a. L'urbanisation modifie la répartition de la population

- 60 % de la population métropolitaine se concentre dans quelques espaces très urbanisés comme les grandes aires urbaines, l'Île-de-France, les vieilles régions industrielles du Nord et de l'Est, les vallées fluviales et certains littoraux. À elle seule, l'**aire urbaine parisienne** représente 20 % de la population française. Comme son solde naturel est positif et son solde migratoire négatif, son poids en France reste constant.

- Les aires urbaines les plus dynamiques se localisent à la périphérie de l'hexagone, de l'ouest au sud-est en passant par le littoral méditerranéen.

b. Des nouvelles mobilités

Elles s'observent à toutes les échelles. Les **migrations pendulaires** sont liées à la périurbanisation et les **flux migratoires** se dirigent depuis les régions du Nord et de l'Est vers les régions au cadre de vie attractif (héliotropisme), les littoraux où se concentrent les activités (littoralisation) et les régions frontalières proches de la mégalopole européenne. Enfin, des migrations se font **entre les DROM et le territoire métropolitain**.

L'aire urbaine

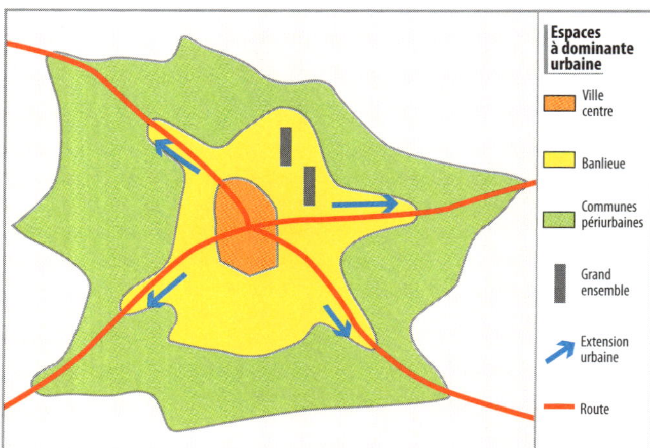

Exercice commenté pas à pas

Effectuer une tâche cartographique en géographie

Sujet : complétez la carte intitulée « les aires urbaines et la nouvelle géographie de la France »

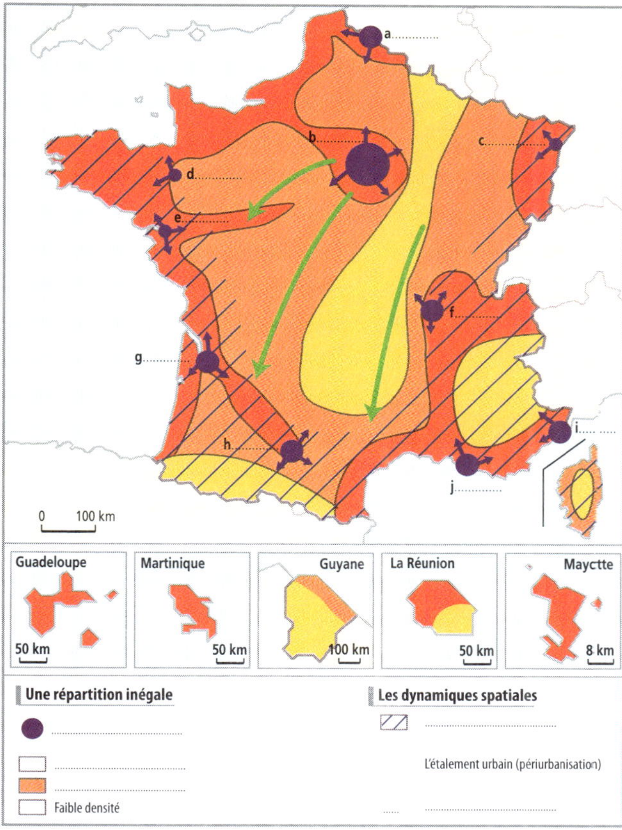

Avant de commencer

► **Lire** le sujet et le comprendre.

► **Maîtriser** le langage cartographique pour choisir le bon figuré.

► **Répondre** aux consignes et effectuer un travail soigné.

Analyser le sujet

Le thème du sujet relève de l'urbanisation de la France (les aires urbaines) et de ses conséquences sur la répartition de la population (la nouvelle géographie de la France).

Choisir le bon figuré

– Les figurés de surface représentent une information étendue sur une grande surface. Le camaïeu rend compte d'une hiérarchie (densité de population ou richesse plus ou moins importante). L'utilisation des hachures permet de croiser deux informations.
– Les figurés ponctuels présentent une information sur un endroit précis. De couleurs et de tailles variables, ils rendent compte d'une hiérarchie.
– Les figurés linéaires représentent des flux de marchandises, des migrations de population. Des traits plus ou moins épais témoignent d'une hiérarchie.

Réaliser la carte

Mettez en relation le territoire, la légende et le titre de la carte. Écrivez les noms horizontalement avec des lettres de même taille s'il s'agit d'un même type d'information.

Corrigé :

Une répartition inégale

Les 10 premières aires urbaines

Forte densité de population

Densité moyenne

Faible densité

Les dynamiques spatiales

Les régions attractives

L'étalement urbain (périurbanisation)

Les flux migratoires intérieurs

Les 10 aires urbaines :

a. Lille ; b. Paris ; c. Strasbourg ; d. Rennes ; e. Nantes ; f. Lyon ; g. Bordeaux ; h. Toulouse ; i. Nice ; j. Marseille

Les espaces productifs et leurs évolutions

FICHE 32

1 Qu'est-ce qu'un espace productif ?

a. La définition

Un espace productif est un territoire **aménagé** et mis en valeur par les hommes, des acteurs publics ou privés, pour une activité économique.

À retenir

Un **aménagement** est ce qui est réalisé par les hommes pour travailler, se déplacer, habiter et se distraire.

b. Des mutations

Qu'ils soient à dominante industrielle ou énergétique, à dominante agricole ou qu'ils soient des espaces touristiques ou de loisirs et des centres d'affaires, les espaces productifs sont confrontés à la mondialisation et à la concurrence internationale et doivent se transformer.

2 Permanences et dynamiques des espaces productifs

a. Les espaces agricoles

- Ils occupent plus de la moitié du territoire national.
- Les espaces agricoles spécialisés en bassins de production à **forte productivité** (grandes cultures mécanisées du Bassin parisien et du Nord, élevage hors-sol de porcs et de volailles, vignobles, cultures maraîchères et fruitières liées aux industries agroalimentaires) sont performants et s'intègrent à l'économie mondiale.
- Des exploitations agricoles, pour être durables, choisissent l'**agriculture raisonnée** ou biologique mais certains espaces subissent la **déprise** agricole.

À retenir

Les facteurs de localisation sont les éléments qui expliquent l'installation et le développement des activités économiques.

À retenir

La **productivité** est la recherche de l'efficacité et des bons rendements.

b. Les espaces industriels

- Ils ont connu des changements à cause de l'évolution de l'industrie et, aujourd'hui, la France fait face à la **désindustrialisa-**

tion (bassins d'emploi traditionnels du Nord et de la Lorraine) et aux **délocalisations**.

- Longtemps situés près des matières premières ou des bassins de main-d'œuvre, les espaces industriels se littoralisent (zone industrialo-portuaire bénéficiant des activités liées à la mondialisation) et se concentrent dans les métropoles bien reliées aux communications rapides (LGV, autoroutes, aéroports, télécommunications), près des centres de recherche et des universités (technopôles). L'**accessibilité** et l'**innovation** sont les clés de la réussite des espaces industriels.

À retenir

L'innovation est la création et/ou l'amélioration de nouveaux produits et de services pour augmenter la compétitivité.

c. Les espaces tertiaires ou de services

- Ils sont l'atout de la France. Les activités tertiaires assurent 80 % des emplois, le quart des exportations des biens et services, et sont un moteur de dynamisme pour les espaces productifs.
- Ils se concentrent dans les **métropoles**, sur les **littoraux** et sur les **sites touristiques**.

À retenir

Les activités tertiaires de haut niveau sont les services financiers, les sièges de FTN (firmes transnationales) et **les emplois de fonction métropolitaines** sont les ingénieurs, les chercheurs et les cadres.

- Qu'il s'agisse de parcs de loisirs, de centres d'affaires ou de technopôles, ils nécessitent des aménagements importants et l'accessibilité est, pour eux aussi, primordiale.

Croiser des documents et raisonner sur un espace productif

Sujet : expliquez les mutations d'un espace productif d'affaires

Vue aérienne du quartier d'Euralille

1. Vieux centre de Lille
2. Gare de Lille-Flandres
3. Eurocité (résidences, bureaux, ESC de Lille)
4. Centre commercial avec hypermarché
5. Hôtel Lille-Europe
6. Tour Lilleurope (World Trade Center)
7. Tour de bureaux LCL
8. Gare TGV Lille-Europe

Lille, un carrefour routier et autoroutier

Avant de commencer

▶ **Localiser** l'espace productif à différentes échelles.

▶ **Décrire** ses activités et expliquer les facteurs de localisation.

▶ **Mesurer** l'impact à différentes échelles.

→ Présenter la nature des deux documents

Localisez l'espace avec le premier document et situez-le à une autre échelle avec le second.

→ Décrire le paysage de l'espace productif

– Identifiez le type de paysage concerné : une campagne à habitat groupé ou dispersé, un paysage agricole, un paysage urbain, touristique ou industriel.
– Relevez les types d'activité et localisez-les sur le document.

→ Comprendre les dynamiques à l'origine de l'implantation de ce quartier

Déterminez avec le document 2 les atouts de la métropole lilloise.

→ Étudier l'impact d'Euralille à différentes échelles

À l'aide des noms donnés dans la légende, indiquez le dynamisme de Lille à différentes échelles.

Corrigé :

Il s'agit du quartier Euralille à « Lille, un carrefour routier et autoroutier ». Quatrième aire urbaine française, Lille est frontalière de la Belgique.
Ce paysage urbain, implanté près du vieux centre de Lille, se compose d'un centre commercial (constructions basses), d'Eurocité, un espace résidentiel, intellectuel et de travail (constructions plus hautes) et de bureaux et de banques (tours). Euralille, avec ses activités tertiaires de commandement est le troisième quartier d'affaires. La main-d'œuvre sortie des écoles de commerce, les autoroutes et les gares sont des atouts qui placent Lille à une heure de Paris ou de Londres et à 30 minutes de Bruxelles. Carrefour des axes à grande vitesse, Lille devient, avec ce quartier d'affaires, une métropole européenne située dans la Mégalopole européenne.

Les espaces de faible densité

FICHE 34

1 Que sont les espaces de faible densité ?

Avec une densité inférieure à 30 habitants par km², ces espaces représentent **6,5 % de la population métropolitaine** mais s'étendent sur **42 % du pays.** Ils correspondent à des espaces ruraux, des montagnes et des secteurs touristiques peu urbanisés.

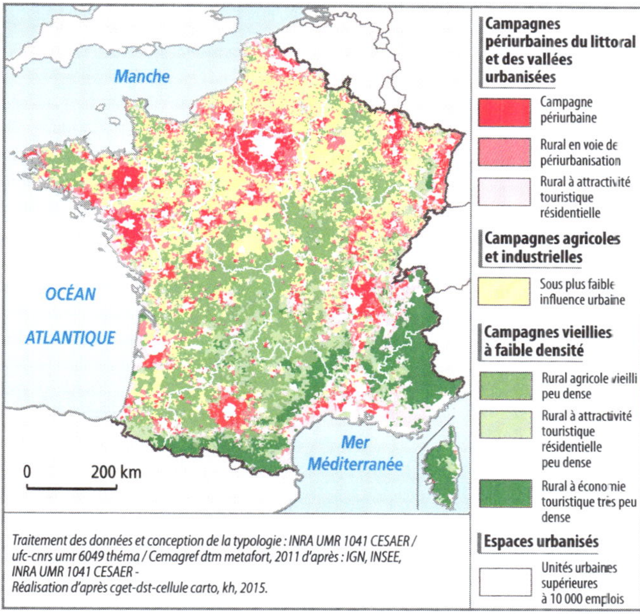

Traitement des données et conception de la typologie : INRA UMR 1041 CESAER / ufc-cnrs umr 6049 théma / Cemagref dtm metafort, 2011 d'après : IGN, INSEE, INRA UMR 1041 CESAER - Réalisation d'après cget-dst-cellule carto, kh, 2015.

2 Des espaces aux dynamiques et atouts divers

a. Un enjeu de l'aménagement du territoire

Des dispositions sont prises par les **acteurs publics et privés** pour préserver l'activité agricole, attirer les petites entreprises artisanales ou industrielles, développer le tourisme, favoriser l'amélioration des conditions de vie des personnes vivant dans ces zones et préserver des espaces naturels.

b. Typologie des espaces de faible densité

- Les espaces de faible densité ne sont plus seulement identifiables à des espaces de productions agricoles. Ils sont divers dans leurs caractéristiques géographiques, leurs fonctions économiques et leur composition sociale.

- Les plus dynamiques sont les **espaces résidentiels et/ou récréatifs**, accessibles par rapport à la ville et capables de diversifier leurs activités. Les dépenses des retraités, des propriétaires de résidences secondaires, des touristes, les font vivre.

- **Les secteurs touristiques** peu urbanisés sont aussi des espaces de faible densité, mais leurs évolutions sont diverses. Si l'accroissement **démographique** (solde naturel et solde migratoire) est **négatif**, la déprise rurale s'exerce et l'espace « meurt doucement ». À l'inverse, ils peuvent retrouver un dynamisme s'ils mènent des actions pour sortir de leur enclavement (les télécommunications) et s'ils multiplient les initiatives qui transforment **leurs contraintes en atouts** (produits bio, élevage pour la viande, fabrication de fromages, valorisation du tourisme vert).

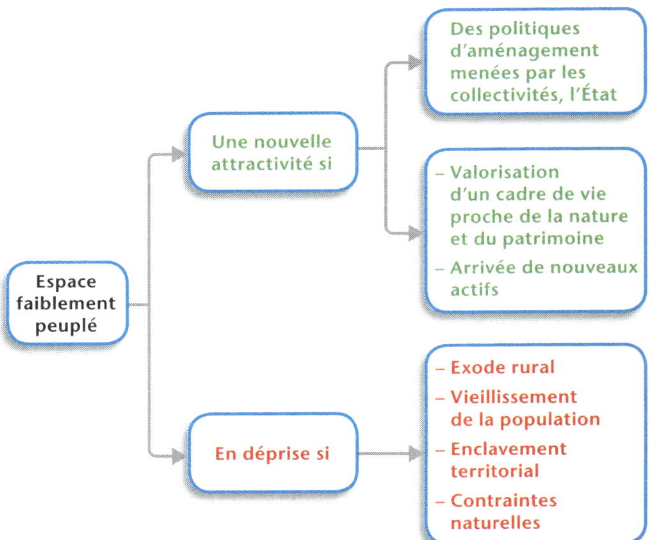

Les dynamiques territoriales de la France

MÉMO

THÈMES clés

Les aires urbaines de la France mondialisée : fiche 30
Les espaces productifs et leurs évolutions : fiche 32
Les espaces de faible densité : fiche 33

MOTS clés

Aire urbaine : espace constitué du pôle urbain (la ville-centre et sa banlieue) et de la couronne périurbaine.

Mondialisation : mise en relation des différents lieux et des acteurs mondiaux. Cela se traduit par l'augmentation des échanges et par des effets inégaux sur les territoires.

SCHÉMAS-BILANS

Les espaces industriels

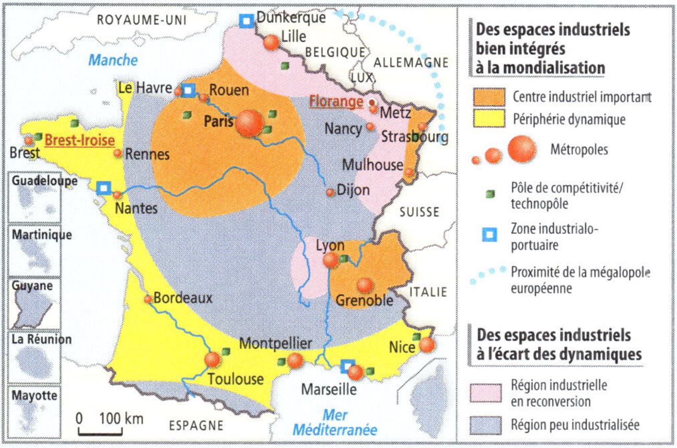

Les espaces agricoles

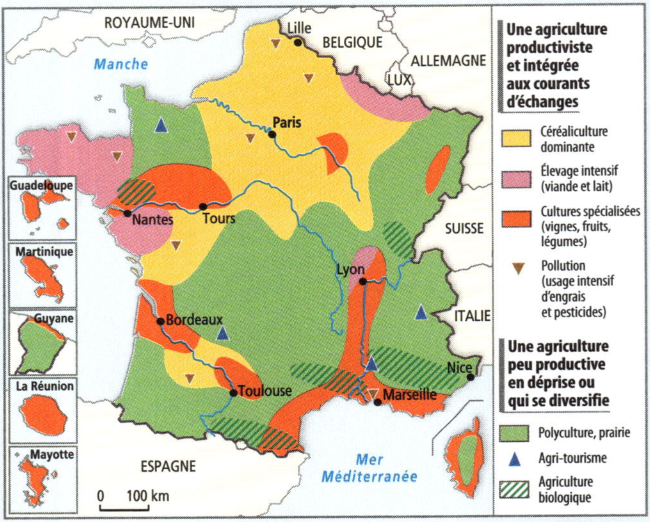

Les espaces de services

Aménager et répondre aux inégalités territoriales

FICHE 36

1 Que signifie « aménager le territoire » ?

C'est le fait que des **acteurs publics** (État, collectivités territoriales, UE) et **privés** (entreprises, citoyens) impulsent des actions pour promouvoir un territoire.

À retenir

Depuis 2014, le **Commissariat général à l'égalité des territoires (CGET)** conçoit, prépare et met en œuvre la politique nationale d'égalité des territoires, dont il assure le suivi et la coordination interministérielle.

2 Pourquoi et comment aménager le territoire ?

a. Transformer la géographie de la France

- Pour rééquilibrer le territoire, il faut corriger les déséquilibres et atténuer les inégalités spatiales. Pour faire contrepoids à l'agglomération parisienne qui domine, des efforts ont été menés pour développer des **villes nouvelles** et des **métropoles régionales** (Marseille, Lyon, Lille, Nantes, Bordeaux, Toulouse) qui jouent aujourd'hui un rôle national, voire européen.

- Pour répondre à la concurrence européenne et mondiale, il faut améliorer la **compétitivité** et l'attractivité des territoires et intégrer l'espace français à l'Europe. C'est l'objectif des **infrastructures de transport** et de **communications** (haut débit) et des **pôles de compétitivité**.

À retenir

Le **pôle de compétitivité** est l'association, encouragée par l'État, d'entreprises, de centres de recherche et d'organismes de formation travaillant en commun pour gagner en compétitivité.

- Pour assurer la cohésion des territoires, des **politiques d'aménagement** sont menées en faveur des **zones défavorisées** (espaces ruraux classés en hyper-ruralité, zones urbaines sensibles et vieilles régions industrielles à reconvertir). Dans les villes, les aménagements s'organisent autour de **moyens de**

À retenir

La **cohésion** est la politique de solidarité visant à réduire les inégalités dans les territoires.

transport « propres » et collectifs pour créer des liens entre les quartiers.

b. Aménager pour le futur

- Tout aménagement suppose une réflexion et une élaboration de différents scénarios, cela pour mettre en débat le futur souhaitable et pour obtenir les avis des spécialistes, des experts, des acteurs territoriaux et aussi des citoyens.
- Certains aménagements suscitent des débats, comme la mise en place d'un aéroport ou d'une LGV. Les citoyens donnent leur avis par le biais des élections, lors de débats publics, peuvent constituer des associations, voire même des groupes de pression.
- Au niveau des communes, des départements, des régions et de l'État, le patrimoine naturel est pris en compte dans l'aménagement du territoire. Comme il faut concilier le développement économique et la gestion durable des espaces, des études d'impact sont menées et des demandes d'autorisation auprès de l'administration sont nécessaires et obligatoires. Cela explique les modifications des plans de prévention des risques et des zones mises en espaces protégés.

À retenir

En France, outre-mer inclus, 64 % des espaces protégés sont des parcs naturels régionaux ou nationaux.

Aménagement et développement du territoire français

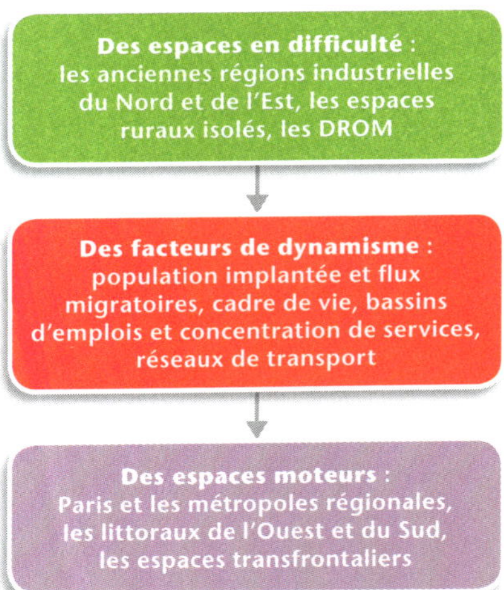

Exercice commenté pas à pas

Analyser une infographie présentée par la presse

Sujet : étude de cas : un exemple d'aménagement régional

Le musée du Louvre-Lens

Ouverture officielle au public mercredi 12 décembre

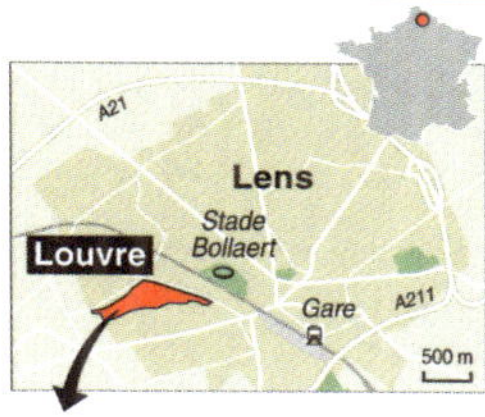

Site

1. **Grand auditorium**, «La Scène» (950 m²)
2. **Galerie des expositions temporaires** (1 800 m²)
3. **Hall d'accueil** (4 000 m²)
4. **Galerie du temps** (4 000 m²)
5. **Pavillon de verre**
6. Restaurant
7. Administration

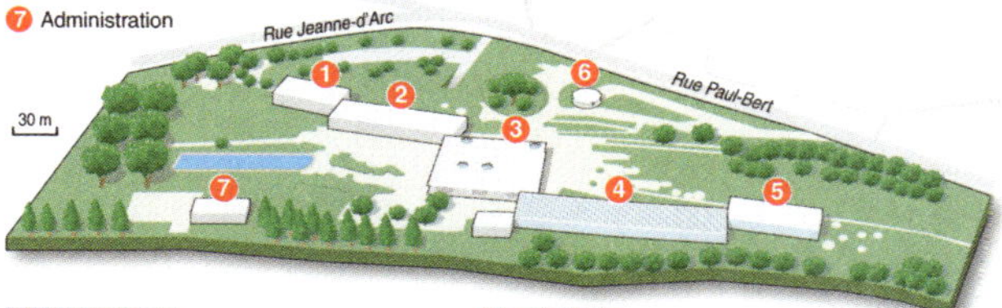

Chiffres clés

- Superficie du terrain : **20 ha**
- Surface totale des bâtiments : **28 000 m²**
- Coût : **150 millions d'euros**

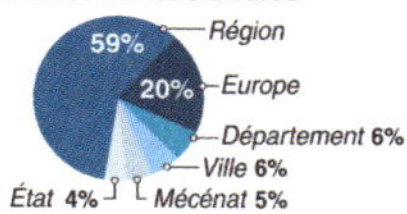

- Budget de fonctionnement : **15 millions d'euros**
- Nombre d'employés : **120 à 150**
- Nombre de visiteurs attendus par an : **450 000 à 550 000**

Source : louvrelens.fr

Distances

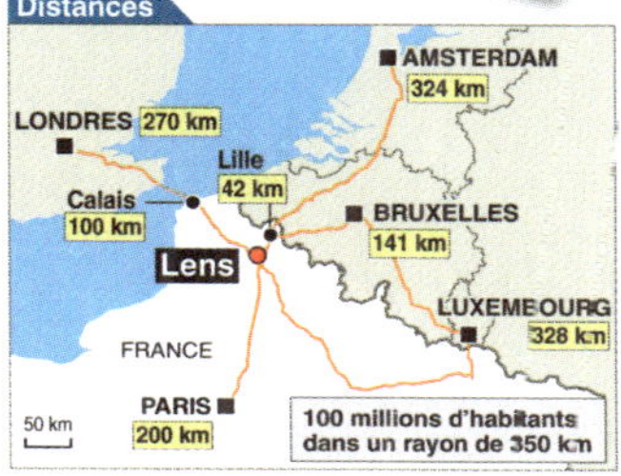

AFP

Avant de commencer

- **Présenter** l'aménagement dans son territoire.
- **Préciser** les objectifs de l'aménagement et l'impact pour la région.
- **Mentionner** les acteurs impliqués.

→ Présenter l'aménagement dans son territoire

Le plan de masse et les cartes précisent la nature de l'aménagement et le territoire dans lequel il se situe.

→ Expliquer les objectifs de l'aménagement et l'impact pour la région

Faites référence à l'histoire de la région du Nord-Pas-de-Calais, mais n'oubliez pas ses atouts géographiques.

→ Mentionner les acteurs impliqués

Le diagramme présente les acteurs mais distinguez les acteurs publics des acteurs privés.

Corrigé :

C'est l'aménagement du musée du Louvre à Lens, ville située dans le département du Pas-de-Calais.

La région Nord-Pas-de-Calais est une vieille région industrielle minière. Les mines étant fermées, Lens dispose de friches industrielles pouvant accueillir des activités nouvelles. La présence de Lille (métropole régionale, nationale et européenne), des infrastructures de transports rapides, l'ouverture sur l'Europe et les 100 millions d'habitants dans un rayon de 350 km sont les atouts qui ont prévalu dans la décision d'implanter le Louvre-Lens. Ce musée doit redynamiser la ville en créant des emplois et des activités liées au tourisme.

Des acteurs publics financent le projet : la région, l'acteur majeur, les collectivités territoriales, l'État et l'UE. Le mécénat, soit des acteurs privés, couvrent 5 % du coût.

La problématique des territoires ultramarins

FICHE 38

1 Les DROM et les COM

- Situés dans les deux hémisphères, les DROM COM couvrent 120 000 km² et sont peuplés de 2,5 millions d'habitants.
- Les **cinq départements et régions d'outre-mer** (Guadeloupe, Martinique, Guyane, Réunion et Mayotte) sont des **collectivités territoriales** identiques aux collectivités métropolitaines.
- Les **communautés d'outre-mer** (Saint-Martin, Saint-Barthélemy, Polynésie française, Wallis-et-Futuna, Saint-Pierre-et-Miquelon, Nouvelle-Calédonie) bénéficient d'une **autonomie** dans la gestion de leurs affaires intérieures (économie, santé, éducation).

À retenir

Les **DROM** sont des régions d'outre-mer intégrées à l'Union européenne et bénéficient, depuis le traité d'Amsterdam, de mesures spécifiques favorisant leur développement.

2 Des territoires aux enjeux particuliers

a. Des périphéries avec des handicaps structurels

- Les DROM COM se caractérisent par leur **éloignement de la métropole** : des milliers de kilomètres les séparent de la France. Ils sont fragmentés sur le plan territorial, car ce sont des **archipels**. Leur **marché** est étroit. Ils connaissent des **problèmes économiques et sociaux** : un taux de chômage élevé et un revenu moyen par habitant inférieur à celui de la France. Ils sont vulnérables aux **risques naturels** : ils connaissent les cyclones tropicaux et le risque sismique. Ils sont dans la **dépendance** de la France.

b. Des vitrines avec des atouts

- Les DROM COM sont touristiques. Les plages, le climat tropical tempéré, les îles, en font des destinations appréciées des touristes aisés d'Europe du Nord recherchant le soleil, le sable et la mer en hiver.
- Ils sont des fournisseurs de productions agricoles tropicales (canne à sucre, rhum, bananes, etc.).

• Ils offrent à la France une présence géostratégique dans les océans du monde. La situation aux latitudes équatoriales de la Guyane permet à la France et à l'Europe d'être présentes dans l'**aérospatiale**.

• Les alizés réguliers (vents d'est) qui touchent certains DROM COM peuvent servir des **projets d'énergie renouvelable**.

c. Une problématique d'aménagement particulière

• Les politiques d'aménagement doivent tenir compte des handicaps structurels des territoires, comme l'insularité ou leur accès. Tout aménagement est assorti d'un surcoût lié aux transports.

• Elles doivent chercher à **valoriser l'intégration régionale**, par exemple dans l'espace des Caraïbes pour la Guadeloupe, la Martinique et la Guyane, pour que les DROM COM soient des partenaires intégrés à la mondialisation.

• Les collectivités territoriales locales, la France et l'Union européenne sont conscientes de ses difficultés. Les territoires ultramarins reçoivent des aides de l'UE leur permettant de repenser l'aménagement de leur territoire pour qu'il s'effectue dans le cadre du développement durable et dans l'intérêt de leurs habitants.

La France d'outre-mer

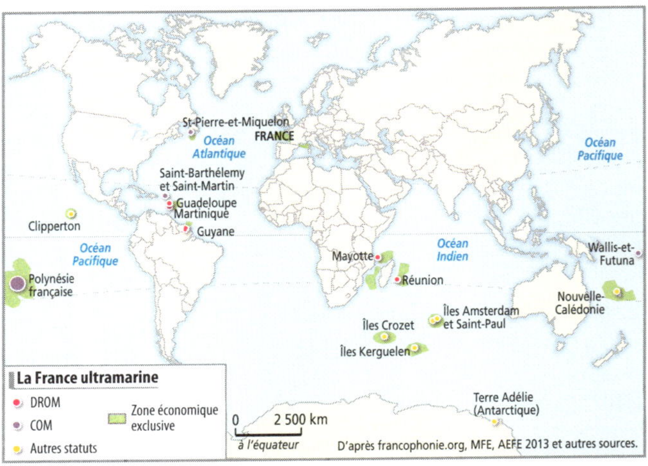

Pourquoi et comment aménager le territoire ?

MÉMO

THÈMES clés

Aménager et répondre aux inégalités territoriales : fiche 36
La problématique des territoires ultramarins : fiche 38

MOTS clés

Acteurs spatiaux : personne ou groupe de personnes agissant sur un territoire. Ils sont publics (État, collectivités territoriales, UE) et privés (entreprises, citoyens).

Infrastructures : ensemble d'aménagements publics permettant le développement d'activités humaines.

SCHÉMAS-BILANS

L'organisation du territoire national

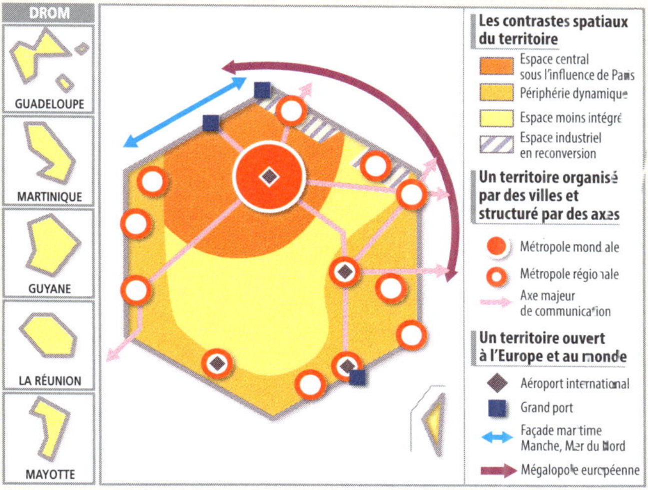

Potentialités, contraintes et dépendances des régions ultrapériphériques françaises insulaires

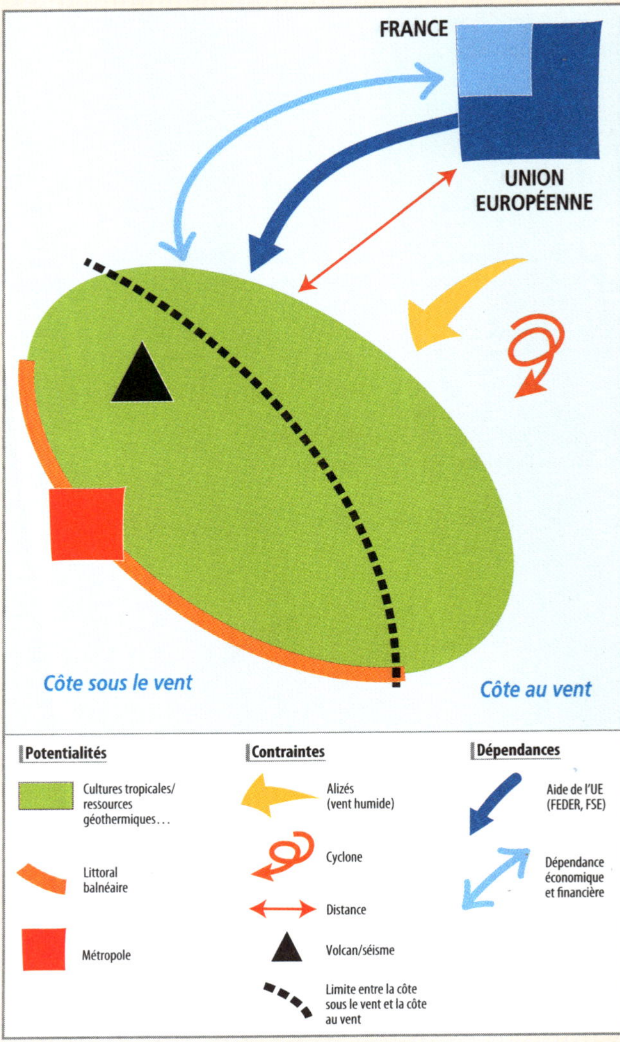

Quiz-bilan

FICHE 40

→ *Réponses au verso*

1 Que constituent la ville-centre, la banlieue et la couronne périurbaine ?

a. ☐ l'aire urbaine b. ☐ l'agglomération c. ☐ le pôle urbain

2 Comment nomme-t-on le développement des villes par la transformation de l'espace rural en espace urbain ?

a. ☐ l'urbanisme b. ☐ l'urbanisation c. ☐ la périurbanisation

3 Comment s'appelle le déplacement de personnes entre des régions différentes ?

a. ☐ une navette
b. ☐ un flux migratoire
c. ☐ une migration pendulaire

4 Que regroupe le secteur tertiaire ?

a. ☐ les activités industrielles et les travaux publics
b. ☐ les activités de services et de recherche
c. ☐ les activités liées à l'agriculture, la pêche et la forêt

5 Quels sont les nouveaux facteurs de localisation à considérer dans un espace productif ?

a. ☐ les voies de communication
b. ☐ la proximité des matières premières
c. ☐ la proximité des centres de recherche et des universités

6 Qu'est-ce qu'une métropole ?

a. ☐ une ville exerçant son pouvoir de commandement sur un territoire régional, national ou mondial
b. ☐ une région urbaine formée d'un tissu urbain continu de plusieurs villes qui se rejoignent
c. ☐ une agglomération dépassant les 10 millions d'habitants

7 Qu'est-ce qu'une collectivité territoriale ?

a. ☐ l'ensemble des aires urbaines françaises

b. ☐ toute assemblée traitant du développement et de l'aménagement

c. ☐ les subdivisions administratives et leurs institutions de décision (communes, départements, régions)

8 Qui sont les acteurs d'un aménagement du territoire ?

a. ☐ L'Union européenne, l'État, les collectivités territoriales

b. ☐ les entreprises

c. ☐ les citoyens

9 Parmi ces acteurs, lesquels sont institutionnels ?

a. ☐ les exploitants agricoles

b. ☐ les entrepreneurs industriels

c. ☐ les collectivités territoriales

10 Lequel de ces territoires ultramarins n'est pas un DROM ?

a. ☐ la Polynésie française b. ☐ la Réunion c. ☐ Mayotte

11 Quel est le DROM français le plus grand et le plus peuplé ?

a. ☐ la Martinique b. ☐ la Réunion c. ☐ la Guadeloupe

Réponses :

1 a La ville-centre et sa banlieue constituent le pôle urbain ou l'agglomération. – **2 c** – **3 b** – **4 b** Le secteur secondaire regroupe les activités industrielles et les travaux publics, et le secteur primaire, les activités liées à l'agriculture, la pêche et la forêt. – **5 ac** – **6 a** La Mégalopole est une région urbaine formée d'un tissu urbain continu de plusieurs villes qui se rejoignent et la mégapole est une agglomération dépassant les 10 millions d'habitants. – **7 c** – **8 abc** – **9 c** – **10 a** Mayotte est un DROM depuis 2011. – **11 b** La Guyane est le DROM le plus grand en superficie mais il n'est pas le plus peuplé.

L'UE, nouveau territoire de référence

FICHE 41

1 Les disparités socio-spatiales de l'UE

- Il existe un double contraste de richesse opposant les pays du Nord, plus riches que ceux du Sud, et ceux de l'Ouest, plus riches que ceux de l'Est. La **mégalopole européenne** est l'espace le plus dynamique de l'UE. Les régions les plus pauvres de l'UE sont situées en **périphérie**.

Les contrastes de richesse de l'UE

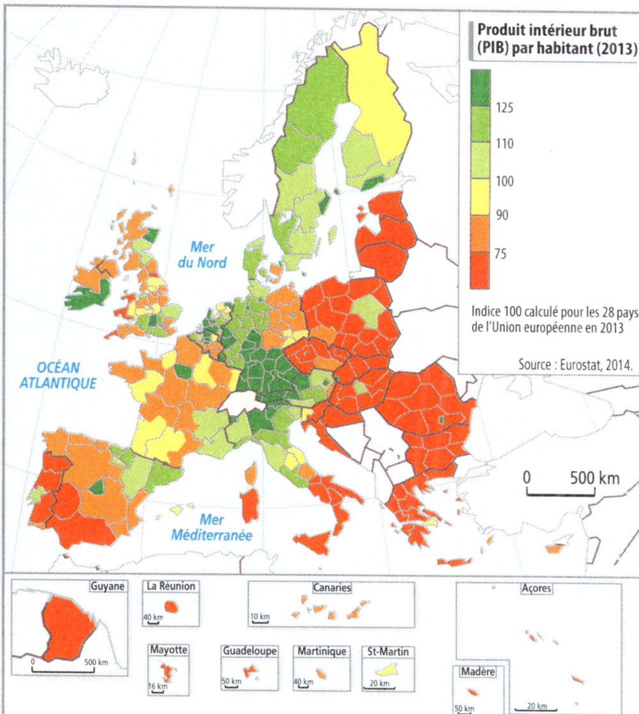

- L'UE consacre le tiers de son budget à une « politique régionale » pour réduire les inégalités et répondre aux besoins particuliers des États membres.

2 L'UE, un territoire de référence pour la France

a. La France, isthme et carrefour de l'Europe.

- À l'ouest de l'Europe, la France a des frontières avec six pays intégrés à l'Union européennes avant 1986 (Royaume-Uni, Belgique, Luxembourg, Allemagne, Italie, Espagne) et une frontière avec la Suisse.

- La France, membre fondateur de l'UE et du couple franco-allemand, abrite à **Strasbourg** les sièges du Parlement européen, du Conseil de l'Europe, de la Cour européenne des droits de l'homme et d'Arte, la chaîne à vocation culturelle européenne.

b. Les atouts des espaces transfrontaliers

- La France dispose d'espaces transfrontaliers faisant l'objet d'une politique de coopération. Sans les financements de l'UE et des États participant aux projets, ces espaces n'auraient pas connu un développement économique à si large échelle.

- La politique des transports (les LGV) menée par l'UE illustre l'idée que la France est un carrefour important, entre l'**Europe du Nord** et l'**Europe du Sud** et entre l'**Europe orientale** et l'**Europe méditerranéenne**. Les réseaux de communication terrestres et les hubs (aéroport de Roissy-Charles-de-Gaulle, port de Marseille) la connectent à l'Europe et au monde.

À retenir

Interreg V, le programme européen couvrant la période 2014-2020, favorise le développement régional par la coopération transfrontalière, transnationale et interrégionale. L'**eurorégion** est un organe de coopération transfrontalière réunissant des régions de différents pays bénéficiant de l'aide de l'UE pour des projets communs.

La France et l'Europe dans le monde

FICHE 42

1 La France, une influence mondiale

a. La présence planétaire

- La France, présente partout dans le monde grâce à ses DROM et COM, dispose de la deuxième **ZEE** du monde.
- Par les bases militaires permanentes des DROM et COM, elle est un acteur politique régional.

À retenir

La **zone économique exclusive** est l'espace maritime (270 km autour des côtes) sur lequel un État exerce sa souveraineté.

- Vitrine du mode vie français, les DROM sont des îlots de prospérité entourés d'États marqués par la pauvreté.

b. L'influence culturelle

- Le français, langue officielle de l'ONU et des Jeux olympiques, est parlé sur tous les continents par 220 millions de personnes. L'Organisation internationale de la **Francophonie**, regroupant 80 États, diffuse la langue, les valeurs de paix, de démocratie et de développement durable dans le monde.
- **L'UNESCO siège à Paris** et la France est une référence mondiale sur le plan intellectuel, artistique (musées, congrès, salons, festivals) et touristique (première destination mondiale).
- 1,6 million de Français vivent à l'étranger et contribuent au rayonnement mondial de la France.

c. Le rayonnement politique international

La France, membre permanent du Conseil de sécurité de l'ONU et patrie des droits de l'homme, a une influence **politique** et **diplomatique** mondiale. Dotée de l'arme nucléaire, elle est une puissance militaire aux capacités d'intervention moindres que les États-Unis.

2 L'UE, un acteur majeur ?

a. Le premier espace économique

- Avec un demi-milliard d'habitants au niveau de vie élevé, l'UE est l'une des trois aires majeures de puissance mondiales. Elle est la première **puissance économique**, devant les États-Unis et la Chine, et assure le **quart du PIB mondial**. Elle est aussi le premier pôle commercial du monde.
- Elle est un espace attractif par ses **places boursières**, le premier pôle d'émission et d'accueil des **investissements directs étrangers** et le premier fournisseur de fonds pour l'aide au développement.

À retenir

Londres, Paris et Francfort sont les grandes Bourses européennes.

b. Le rayonnement culturel européen

- La démocratie et la république sont nées en Europe et l'UE est un pôle de paix, de démocratie et de développement. Elle est le **premier espace migratoire** mondial, même si la question de l'immigration divise les Européens.
- L'UE est le **premier espace touristique** du monde.

c. La capacité d'influence internationale limitée

Contrairement aux États-Unis, l'UE n'est pas un État fédéral. Elle a du mal à définir les contours de son unité politique et il existe une méfiance de ses opinions publiques pour les instances européennes.

- Même s'il existe désormais un **président du Conseil européen** et un **Haut Représentant aux affaires étrangères et à la sécurité commune**, l'UE a du mal à s'exprimer d'une seule voix. Cela explique son influence diplomatique limitée.
- Ne disposant pas véritablement d'armée commune, elle reste dépendante des États-Unis et de l'OTAN.

Exercice commenté pas à pas

Confronter un document à ce que l'on peut connaître par ailleurs d'un sujet

Sujet : quels aspects de l'influence française dans le monde sont mis en évidence et lesquels ne le sont pas ?

Publicité pour le Salon mondial du tourisme 2014 à Paris

Avant de commencer

- **Lire** le sujet, observer le document et souligner les mots-clés.
- **Prélever** les éléments pertinents du document.
- **Recenser** les idées importantes répondant au sujet pour montrer les limites du document.

Prendre connaissance du sujet

Soulignez l'expression clé du sujet et mettez-la en relation avec la publicité.

Analyser le document iconographique

Identifiez son thème, décomposez l'image, et lisez ses textes et slogans.

Recenser les éléments répondant au sujet posé

Vous pouvez réaliser un schéma de ce type pour pouvoir déduire les aspects de l'influence française visibles et ceux qui ne le sont pas.

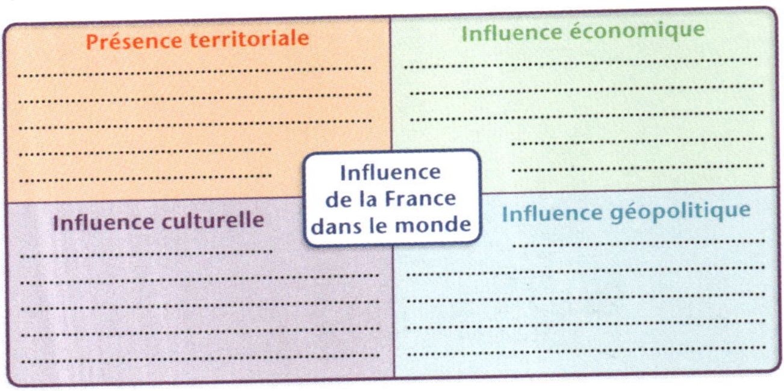

Corrigé :

– La publicité pour le Salon mondial du tourisme, qui s'est tenu à Paris en 2014, permet d'étudier les aspects de l'influence française dans le monde.

– Elle est fondée sur le jeu de mots « trouvez chaussures/vacances à votre pied ». Elle présente des chaussures différentes (botte, tong, chaussure de sport, chaussure à talon, après-ski et palme) évoquant chacune une forme du tourisme français : tourisme balnéaire, vert, d'affaires, culturel et d'hiver. Le terme « tourisme », écrit en gros, est encadré par « Salon mondial » et « Paris ».

– Le document évoque l'influence culturelle de la France. Son patrimoine naturel, culturel, sa gastronomie et ses valeurs en font la première destination mondiale. La tenue à Paris, ville mondiale, d'un Salon international, une activité économique de haut niveau, illustre l'influence économique. Les cocotiers sur la palme évoquent les DROM et COM et la présence planétaire de la France. Le document ne permet pas d'évoquer l'influence géopolitique de la France (membre du Conseil de sécurité de l'ONU, de l'OTAN, bombe atomique et armée).

BILAN

La France et l'Union européenne

FICHE 44

MÉMO

THÈMES clés

L'UE, nouveau territoire de référence : fiche 41

La France et l'Europe dans le monde : fiche 42

MOTS clés

Influence d'un État : sa capacité de rayonnement politique, culturel et symbolique sur les autres États.

Rayonnement : formes d'influence d'un pays dans le monde.

Francophones : personnes et pays utilisant le français (s'écrit sans majuscule).

Francophonie : organisation internationale dont l'objectif est de développer les relations entre les pays francophones (s'écrit avec une majuscule).

SCHÉMAS-BILANS

La France

Une influence mondiale qui repose sur 3 piliers

① Une présence dans le monde

La France ultramarine : DROM, COM, TAAF

② Une influence culturelle

- Pays francophones, valeurs républicaines, système éducatif
- Cinéma, gastronomie, luxe...

③ Une influence géopolitique

- Diplomatie, réseau d'ambassades, Francophonie
- Bases militaires

L'Union européenne

Une puissance incomplète

Une influence économique et culturelle

- 1er pôle commercial du monde
- Monnaie unique (euro)
- Culture et histoire, recherche, éducation, valeurs

Une influence géopolitique

- Désaccords politiques entre les 28 États membres
- Faible rôle diplomatique
- Crise et chômage
- Dépendance énergétique

La France dans le monde

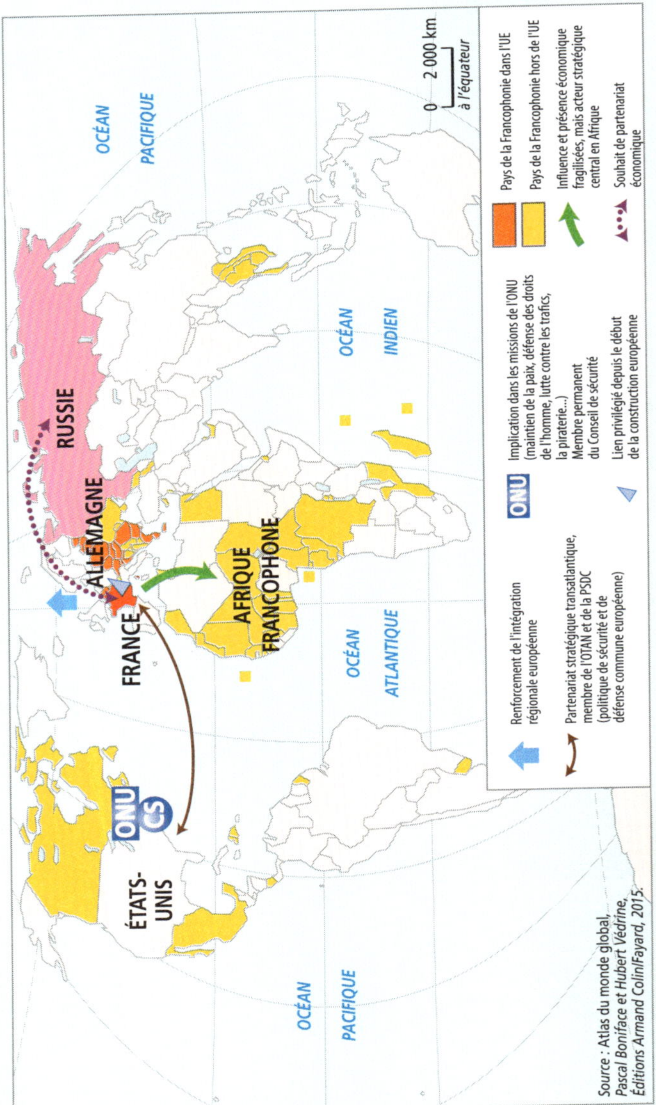

Source : Atlas du monde global, *Pascal Boniface et Hubert Védrine, Éditions Armand Colin/Fayard, 2015.*

Quiz-bilan

→ *Réponses au verso.*

1 Qu'est-ce que la ZEE ?

a. ☐ la zone européenne exclusive
b. ☐ la zone économique européenne
c. ☒ la zone économique exclusive

2 À quelle place se situe la ZEE française ?

a. ☐ première mondiale
b. ☒ deuxième mondiale
c. ☐ troisième mondiale

3 Quelle proposition ne concerne pas la France ?

a. ☒ membre de l'OPEP
b. ☐ membre fondateur de la CEE
c. ☐ membre du G20

4 Lequel de ces trois États de l'UE n'est pas membre permanent du Conseil de sécurité de l'ONU ?

a. ☐ le Royaume-Uni b. ☐ la France c. ☒ l'Allemagne

5 Lequel de ces territoires n'est pas un espace de la Francophonie ?

a. ☒ la Corée du Nord b. ☐ le Vietnam c. ☐ le Sénégal

6 Quelle forme d'influence manque à l'Union européenne ?

a. ☐ l'influence culturelle
b. ☒ l'influence militaire
c. ☐ l'influence économique

7 Sur qui peut désormais compter l'UE ?

a. ☐ un président de l'Union européenne
b. ☒ un président du Conseil européen
c. ☒ un Haut Représentant aux affaires étrangères et à la sécurité commune

8 Quelle forme d'influence permet d'affirmer l'aide au développement ?

a. ☐ l'influence culturelle
b. ☐ l'influence économique
c. ☒ l'influence géopolitique

9 Où le Louvre a-t-il essaimé en France et dans le monde ?

a. ☒ Lens b. ☒ Abu Dhabi c. ☐ New York

10 Quel est le rang mondial de Paris pour l'implantation de sièges sociaux de FTN ?

a. ☐ premier b. ☐ deuxième c. ☒ troisième

11 Quelle institution spécialisée collaborant avec l'ONU siège à Paris ?

a. ☐ l'OMS b. ☒ l'UNESCO c. ☐ l'OMC

12 Combien y-a-t-il de francophones dans le monde ?

a. ☐ plus de 50 millions de personnes
b. ☐ plus de 100 millions de personnes
c. ☒ plus de 200 millions de personnes

Réponses :

1 c – 2 b La première ZEE est celle des États-Unis. – 3 a L'OPEP signifie l'Organisation des pays exportateurs de pétrole. – 4 c L'Allemagne n'est pas membre permanent du Conseil de sécurité car elle est un pays vaincu en 1945. – 5 a – 6 b – 7 b, c Il n'existe pas de président de l'Union européenne. – 8 c – 9 a, b – 10 c Le premier rang est occupé par Londres, le deuxième par New York. – 11 b – 12 c On peut parler le français comme langue maternelle, comme langue officielle ou comme langue d'enseignement privilégié.

Principes, valeurs et symboles de la citoyenneté

FICHE 46

1 Les valeurs, les principes et les symboles de la République

a. Les fondements de la République française

- Ils sont inscrits dans la **Déclaration des droits de l'homme et du citoyen** de 1789 et la Constitution de 1958.
- La République est indivisible. Les citoyens, soumis aux mêmes lois, ont des droits et des devoirs. La langue officielle est le français.
- La République est laïque depuis 1905 et le principe de laïcité est énoncé dans la Constitution.
- La République est démocratique, car le suffrage universel accorde au peuple l'égalité politique et le rend souverain.
- La République est sociale, car elle garantit l'aide de la collectivité face aux difficultés de la vie (maladie, chômage, vieillesse).

À retenir

La **laïcité** est la neutralité de l'État face aux religions. Elle garantit à tous la liberté de conscience et de culte.

b. Les symboles de la République

Le **drapeau** bleu, blanc, rouge, ***La Marseillaise*** et la **devise** sont inscrits dans la Constitution de 1958. **Marianne**, l'effigie de la République, et le **14 Juillet** sont populaires auprès des Français.

2 Être citoyen

a. L'aspect juridique de la citoyenneté

- Elle donne des droits **civils** (liberté individuelle, de circulation, d'expression, de presse), des droits **économiques** (droit au travail, droit syndical, droit de grève) et des droits **sociaux** (droit à la propriété, à la protection de la santé et à l'éducation).
- Elle implique des devoirs (respect des lois, paiement de l'impôt, défense du pays) pour qui en bénéficie.

b. La dimension politique de la citoyenneté

- Être citoyen, c'est participer à l'organisation de l'État, en tant qu'électeur ou élu, et au débat public. Le citoyen détient une partie de **la souveraineté nationale**.
- Seul le citoyen de nationalité française, majeur et inscrit sur les listes électorales, dispose du **droit de vote**, peut concourir à l'élaboration de la loi et participer aux référendums.
- La citoyenneté européenne, instituée par le traité de Maastricht de 1992, complète la citoyenneté française mais ne la remplace pas. Elle accorde au citoyen de la nationalité d'un État membre de l'UE, vivant dans un autre État de l'UE, de voter et d'être élu aux élections municipales et européennes. Elle donne le droit de circuler, de séjourner et de travailler librement dans les pays membres.

c. L'appartenance à la nation

- Être citoyen, c'est appartenir à la nation dont l'unité s'appuie sur la langue, l'héritage historique et culturel, et les valeurs de la démocratie.
- C'est faire partie de la cité et être présent au quotidien, dans des domaines économiques, sociaux, à titre individuel ou dans la cadre de groupements organisés.

Les différents droits

Nature des droits	Exemples
Droits politiques	droit de vote – droit d'éligibilité – liberté d'adhérer à un parti politique
Droits civils	droit au respect de la vie privée – droit à l'image – droit à la liberté – droit d'aller et venir – droit à la liberté de pensée et de religion – droit à la liberté d'expression et à la liberté d'association
Droits économiques et sociaux	droit à la protection sociale, à la santé – droit à l'éducation – droit à la culture – droit à l'éducation

Expliquer un principe républicain à partir d'un dessin

Sujet : à travers l'exemple de l'école, expliquez que la laïcité, un principe républicain, permet de « vivre ensemble ».

Avant de commencer

- **Lire** la consigne et souligner le(s) mot(s)-clé(s).
- **Décrire** le dessin pour en comprendre le sens.
- **Mobiliser** ses connaissances sur le thème du sujet.

Lire et comprendre la consigne du sujet

Les expressions clés sont « l'École », « la laïcité » et le « vivre ensemble » : vous devez donc analyser le lien existant entre ces trois éléments.

Décrire le dessin et en comprendre le sens

- Décomposez la scène présentée ;
- précisez ce que font les personnages ;
- expliquez la bulle.

Répondre au sujet

- Au brouillon, écrivez la définition de la laïcité et la date de la loi qui l'a instituée.
- Rappelez l'action de Jules Ferry et notez les éléments importants de la Charte de la laïcité à l'école de 2013, affichée dans votre classe et que vous avez étudiée.

Corrigé :

Depuis 1905, la France est une République laïque et le principe républicain de laïcité est inscrit dans la Constitution de 1958.
En séparant le politique du religieux, la laïcité rassemble l'ensemble des citoyens, puisqu'elle leur garantit, au nom de l'égalité en droit, la liberté de croire (ou non), de penser, de s'exprimer sur tous le sujets par la critique et la caricature. Comme l'énonce Pancho, l'école publique ou l'école de la République est celle « dans laquelle on se mélange ». En effet, elle accueille tous les élèves quel que soit leur choix de vie ou de religion. Les signes religieux ostensibles étant interdits à l'école, aucune pression de la part des autres élèves ou des enseignants ne s'exerce. L'école est neutre. Aucun thème, y compris l'histoire des religions, ne peut être exclu des programmes scolaires. L'enseignement est toujours dispensé avec objectivité, selon le principe de la neutralité, puisque l'enseignant n'énonce pas son point de vue. La laïcité efface donc les différences et garantit le « vivre ensemble ». Elle est le ciment de la fraternité et en facilitant, par l'étude, la compréhension de l'autre, elle fait prévaloir l'intérêt général tout en garantissant l'intérêt de chacun (choix personnel libre).

Les principes qui régissent la Défense nationale

FICHE 48

1 L'organisation de la Défense nationale

- D'après la Constitution de 1958, **le président de la République** est le chef des armées, le garant de l'indépendance nationale, de l'intégrité du territoire et du respect des traités. Le **gouvernement** est responsable devant le Parlement de la politique de Défense et de la politique étrangère. Les ministères de la Défense, de l'Économie, de l'Intérieur et des Affaires étrangères s'occupent de la défense militaire, économique, civile et diplomatique. Le **Parlement** discute les orientations politiques et vote le budget de la Défense (le troisième budget de l'État). Il décide de l'engagement éventuel des forces armées dans une guerre.
- Depuis la fin de la conscription (loi du 28 octobre 1997), l'**armée française s'est professionnalisée** (300 000 professionnels répartis entre l'armée de terre, de l'air, la marine et la gendarmerie).

2 Les missions de la Défense française

Le *Livre blanc sur la Défense et la Sécurité nationale* de 2013 fixe trois priorités à la Défense nationale : la **protection** du territoire et des Français, la **dissuasion** pour protéger la France d'une agression étatique contre ses intérêts vitaux et l'**intervention** de ses forces armées.

a. Au niveau national

- La Défense garantit la sécurité du territoire. Elle protège la population et assure la sécurité des ressortissants français à l'étranger. La Défense a une **mission de sécurité civile** en organisant les secours aux populations et en réparant les dégâts en cas de risques majeurs ou technologiques.
- Depuis la fin de la guerre froide, la France n'a plus « d'ennemi direct ». Elle doit faire face aux **nouvelles menaces** (terrorisme, développement des armes nucléaires, chimiques ou bactériologiques, cyberattaques) et aux risques majeurs (inondations et tempêtes). La **Défense est globale** et présente un caractère militaire, civil et économique.

b. Au niveau international

Au niveau international, la France, qui dispose de l'arme nucléaire ou « **force de dissuasion** », peut agir seule, dans le cadre d'accords passés avec un autre État, en Afrique notamment. Elle collabore aux actions de l'**OTAN**, car elle est membre du traité de l'Atlantique Nord. Elle participe à des missions de maintien ou de rétablissement de la paix dans le cadre de l'**ONU**. Elle est aussi liée à l'Union européenne, mais la **politique étrangère et de sécurité commune** (PESC) est difficile à mettre en œuvre du fait de divergences entre États.

c. Les citoyens et la Défense

La Défense est l'affaire de tous et un devoir pour le citoyen. Pour renforcer le lien nation/Défense, la loi de 1997 institue pour les jeunes, garçons et filles, le **parcours de citoyenneté**. Ses trois étapes – la formation à l'esprit de Défense en 3e et en 1re, le recensement à 16 ans à la mairie de leur commune et, entre 16 et 18 ans, la **Journée Défense et Citoyenneté** organisée par les militaires –, font réfléchir les jeunes sur l'esprit d'engagement dans la société.

Analyser une carte

Sujet : pourquoi et comment la France s'engage-t-elle au niveau international ?

Les opérations extérieures de la France

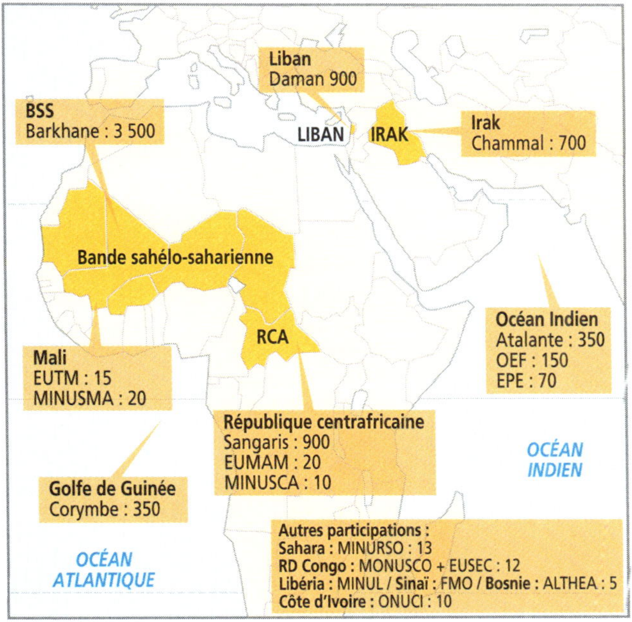

Les chiffres correspondent au nombre de personnels militaires engagés (près de 7 000 le 21 septembre 2015).

Atalante : opération lancée depuis 2008 par l'UE, conformément aux résolutions du Conseil de sécurité de l'ONU, pour lutter contre la piraterie maritime.
Barkhane, faisant suite à l'opération Serval (opérations militaires françaises au Mali), est une approche stratégique fondée sur le partenariat de 5 États de la bande sahélo-saharienne menacés par le terrorisme.
MINUSMA : Mission multidimensionnelle intégrée de l'ONU créée par la résolution 2100 et modifiée par la résolution 2164 pour stabiliser le Mali.

Avant de commencer

▶ **Comprendre** le titre de la carte et observer le territoire cartographié

▶ **Prélever** les informations et les interpréter

Comprendre le titre

Vous devez définir la notion « opérations extérieures » ou OPEX.

Prélever des informations

Il faut repérer les espaces renseignés (des États ou des océans), puis comprendre le sens des chiffres (le nombre de militaires engagés) et lire le nom de l'opération pour savoir qui en est à l'origine.

Corrigé :

La France s'implique dans des opérations extérieures pour assurer sa sécurité et la paix dans le monde.

Les interventions militaires françaises, effectuées en dehors du territoire national, se déroulent en collaboration avec les organisations internationales (ONU et OTAN) et les armées locales.

Par exemple, à la demande du Mali, lié à la France par un accord militaire bilatéral et avec l'aval de l'ONU, l'armée française mène en 2013 les opérations Serval et Barkhane pour lutter contre le terrorisme. Dans le cadre de la MINUSMA, une mission de l'ONU au Mali, la France est présente, mais avec des effectifs moindres et avec l'objectif de stabiliser le pays, de rétablir l'autorité de l'État et de promouvoir les droits de l'homme.

Dans le cadre de la PESC (politique européenne de sécurité commune) dont les objectifs sont la sauvegarde des valeurs, des intérêts et de l'indépendance de l'Union européenne, le maintien de la paix et de la sécurité internationale, la France s'implique, comme ses homologues européens, dans des actions de dissuasion, de prévention et de répression d'actes contraires au droit international : opérations ATALANTE ou EUMAN.

BILAN

Enseignement civique et moral

FICHE 50

MÉMO

THÈMES clés

Principes, valeurs et symboles de la citoyenneté : fiches 46

Les principes qui régissent la Défense nationale : fiches 48

MOTS clés

La Constitution de 1958 est le texte fondateur de la Ve République qui précise le fonctionnement des institutions.

La Déclaration des droits de l'homme et du citoyen de 1789 est placée en préambule de la Constitution de 1958.

SCHÉMAS-BILANS

La Défense et la paix

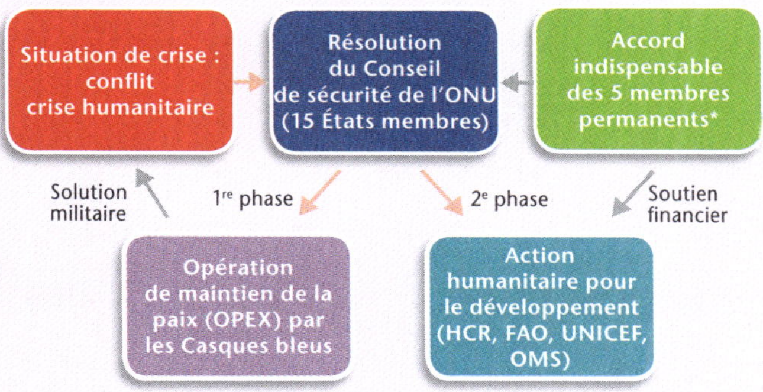

* Les cinq membres permanents du Conseil de sécurité de l'ONU sont la France, le Royaume-Uni, les États-Unis, la Russie et la Chine.

Principes, valeurs et symboles de la citoyenneté

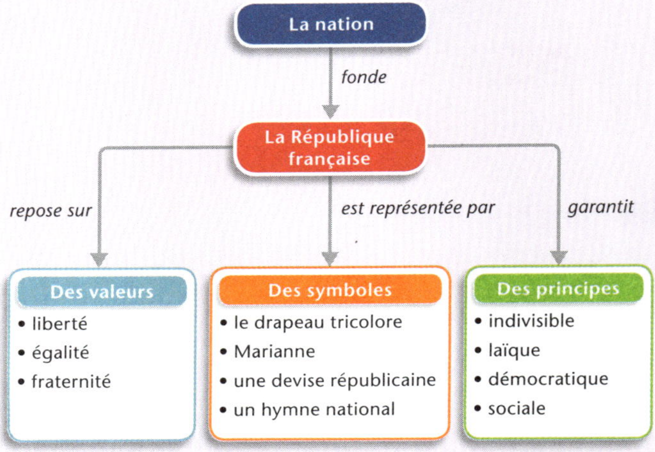

L'organisation de la vie démocratique en France

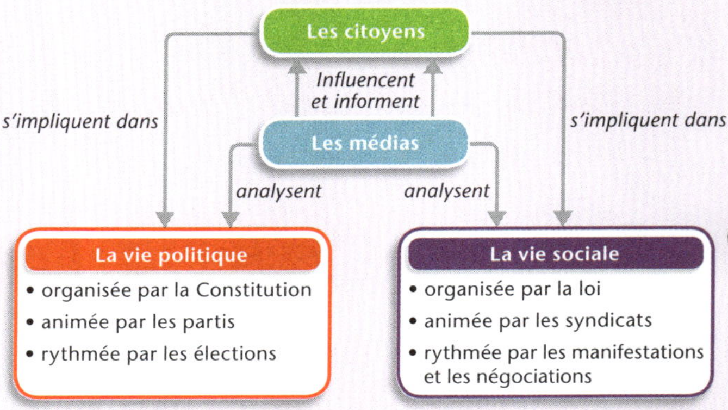

Quiz-bilan

FICHE 51

→ *Réponses au verso.*

1 Quel est le symbole de la République inscrit dans la Constitution de 1958 ?

a. ☐ Marianne b. ☒ *La Marseillaise* c. ☐ le 14 Juillet

2 Quels droits possèdent les nationaux et étrangers vivant en France ?

a. ☒ les droits civils
b. ☐ les droits politiques
c. ☒ les droits sociaux

3 Qu'est-ce que la souveraineté nationale ?

a. ☐ le lien de rattachement d'une personne à un pays
b. ☐ la qualité commune des citoyens qui exercent ensemble leurs droits
c. ☒ le pouvoir politique qui appartient à la nation ou à l'ensemble des citoyens

4 Que faut-il pour exercer la citoyenneté politique ?

a. ☒ être de la nationalité de l'un des 28 États membres de l'UE
b. ☒ être de nationalité française
c. ☒ être majeur

5 Quel traité accorde la citoyenneté européenne ?

a. ☐ le traité de Rome
b. ☒ le traité de Maastricht
c. ☐ le traité d'Amsterdam

6 Les partis politiques :

a. ☐ participent tous au gouvernement
b. ☒ se forment et exercent leur activité librement
c. ☒ sont essentiellement financés par des fonds publics

7 Le programme d'un parti politique :

a. ☐ est un projet de gouvernement.

b. ☐ est présenté aux électeurs pendant la campagne électorale.

c. ☐ est au préalablement voté par l'ensemble des députés.

8 Un syndicat :

a. ☐ se constitue s'il obtient l'autorisation du gouvernement.

b. ☐ défend les intérêts communs des travailleurs.

c. ☐ négocie avec le patronat.

9 Le président de la République :

a. ☐ promulgue les lois.

b. ☐ peut déposer une motion de censure contre le gouvernement.

c. ☐ peut dissoudre l'Assemblée nationale.

10 Quelle étape du cheminement de la loi n'est pas juste ?

a. ☐ le gouvernement et le Parlement ont l'initiative des lois

b. ☐ le Conseil constitutionnel vérifie que les lois sont conformes à la Constitution

c. ☐ une loi est votée par le Sénat seulement

11 Qui sont les acteurs de la Défense et de la Sécurité en France ?

a. ☐ le président de la République

b. ☐ le Premier ministre et son gouvernement

c. ☐ les citoyens

Réponses :

1 b – **2 a, c** – **3 c** La nationalité est le lien de rattachement d'une personne à un pays et la citoyenneté est la qualité commune des citoyens qui exercent ensemble leurs droits. – **4 a, b, c** – **5 b** – **6 b, c** – **7 a, b** – **8 b, c** – **9 a, c** L'Assemblée nationale peut voter la motion de censure contre le gouvernement. – **10 c** La loi est votée par le Parlement c'est-à-dire l'Assemblée nationale et le Sénat. – **11 a, b, c.**

Annexes

La France au XXe siècle

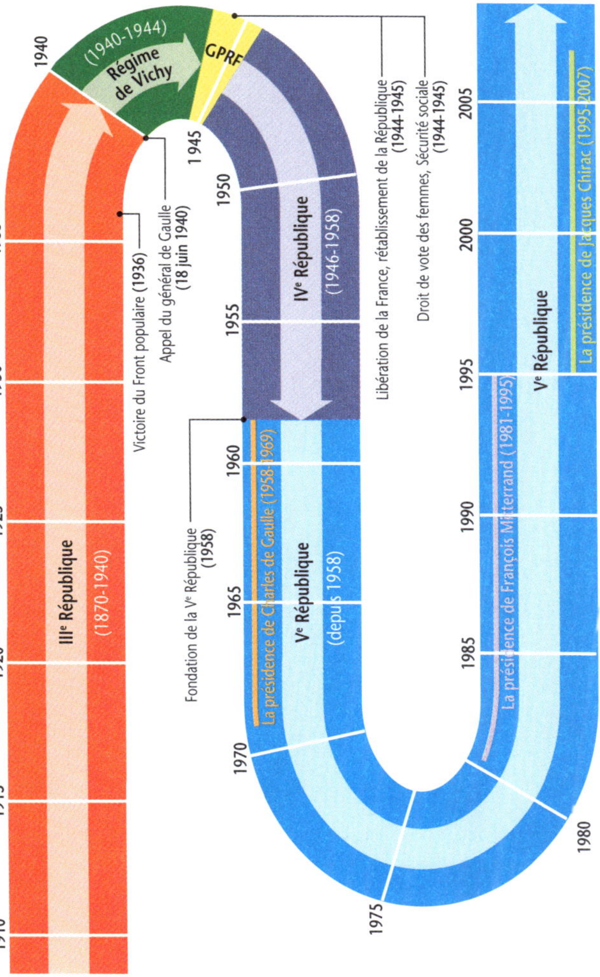

Le Monde au XXe siècle

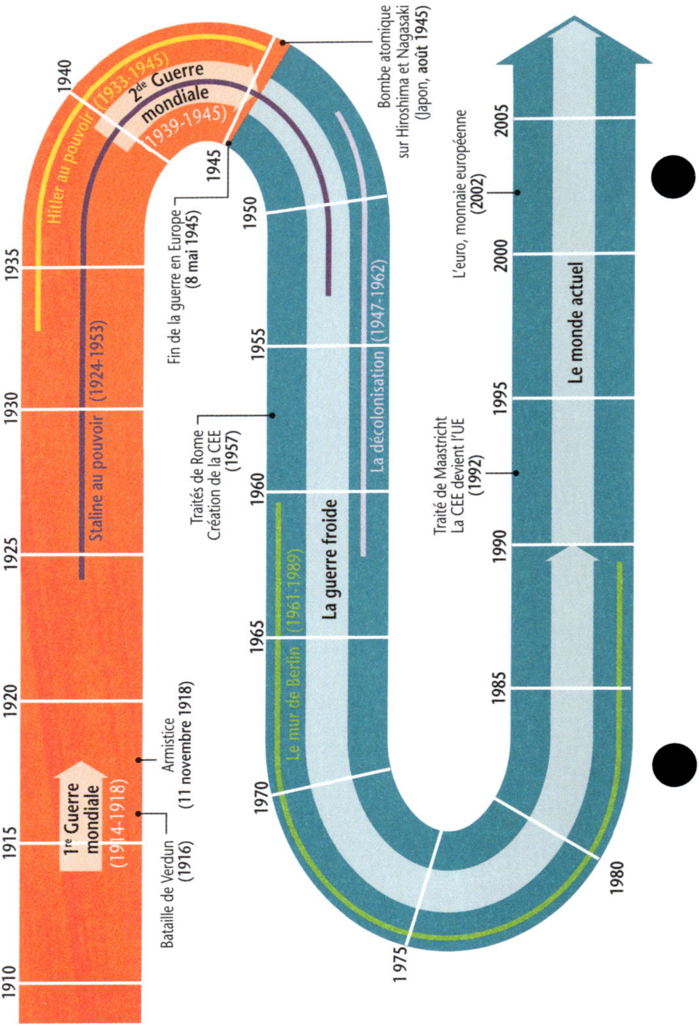

Les phases de la décolonisation

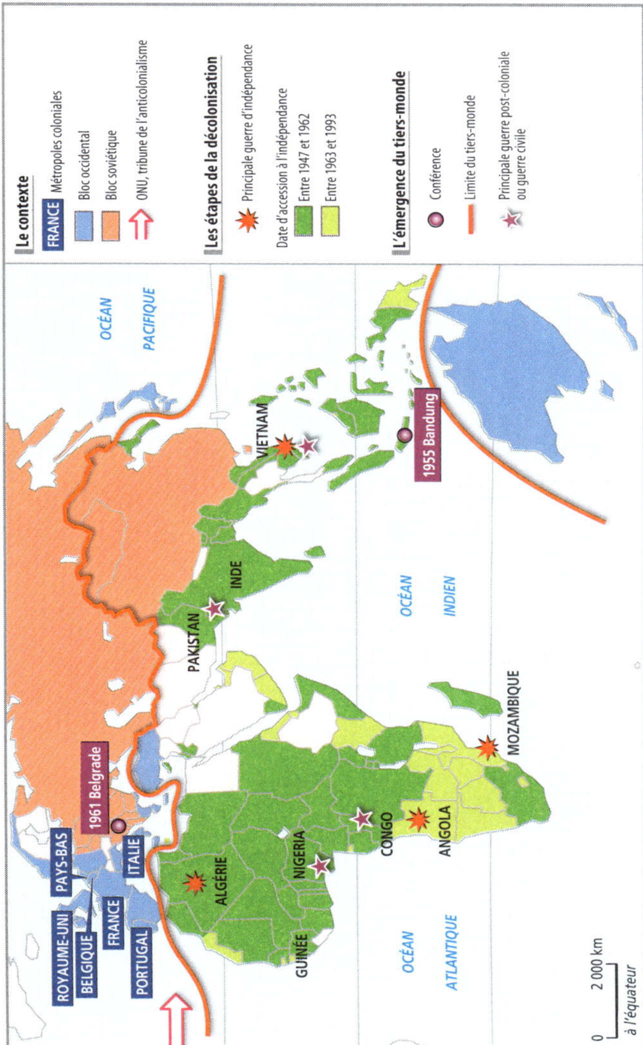

Le Monde aujourd'hui

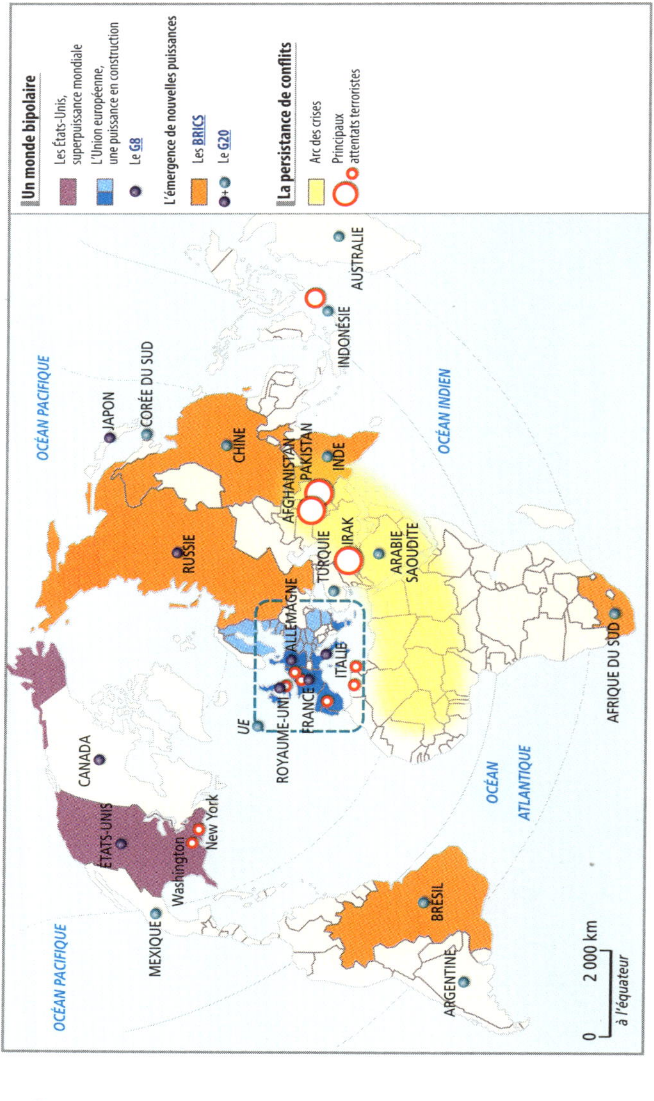